いまこそ読みたい

歎異抄

満井秀城

TANNISHO

法藏館

はじめに

『歎異抄』に関しては、実におびただしい数の書籍が刊行されています。宗教書のジャンルでは、おそらく『歎異抄』が日本で一番よく読まれているといっても過言ではないでしょう。

寺院に生まれ育った者としては、いささか気恥ずかしい話ですが、私自身、「正信偈《しょうしんげ》」や「和讃《わさん》」、そして「御文章《ごぶんしょう》」には、勤行《ごんぎょう》として日常的に慣《な》れ親しんではいましたが、原文のまま読んで、最初に最も感銘を受けた仏教書は、実は中学のときに古文の教科書に載《の》っていた『歎異抄』でした。そのときの衝撃的な印象を、今も鮮明に覚えています。

古文の教科書に載っていたくらいですから、『歎異抄』は、おそらく宗派を超えて多くの人に、大きな影響を与えているのだと思います。文化人・知識人の多くが、「愛読書」としていることは、そのあらわれでしょう。

たとえば、「西田哲学」として有名な西田幾多郎《きたろう》博士は、「他の書物が一切なくなったと仮定しても、『臨済録《りんざいろく》』と『歎異抄』さえあればよい」と言われたそうです。

さらに、日本国内だけでなく、鈴木大拙《だいせつ》師の英訳によって、海外の人たちにも大きな影響を与えました。『歎異抄』を題材として倉田百三《ひゃくぞう》氏が戯曲化した『出家とその弟子』は、フランスの有名な小説家ロマン・ロランが、「これ以上純粋な信仰心を、いまだかつて知らない」と激賞したことは有名です。

どうして『歎異抄』が、これほど多くの人を惹《ひ》き付けるのでしょうか。それには、いくつかの理由が考えられます。まず「名文《めいぶん》」であること。そして、文章も内容も「衝撃的」で「印象に残る」ということが指摘されていて、それはその通りだと思います。

しかし、私があえて申し上げたいのは、著者と考えられている唯円《ゆいえん》の誠実な人柄と、若き唯円ならではの切実な悩みと苦悩が、時代や地域を超えた普遍性を持っているということ。そして、その普遍的な課題に対して、古今東西の宗教家の中で最も誠実で正直な宗教家の一人と考えられる親鸞聖人の生《なま》の言葉が、大きな迫真力をもって、唯円を通して私たちの魂《たましい》に響いてくるということです。

唯円自身の苦悩や課題が、いわゆる罪悪感に偏《かたよ》っている「きらい」がないとはいえません。しかし、人間としての「罪」の意識は、時代や地域を超えて、すべての人が等しく抱えている課題でもあるでしょう。唯円の抱いた、自身の課題認識、問題認識は、現代人にも共通しているはずです。

現代、とくに都会では、いたるところに防犯カメラが設置されています。それは、現代人は「人の見ていないところでは何をするかわからない」と考えられていることの反映でしょう。現代人は、「防犯カメラしか抑止力を持たない」社会であることに、すでに気づいているはずです。このような現代社会だからこそ、『歎異抄』は、最も読んでもらいたい書物なのです。

『歎異抄』は、著者の自筆本が現存せず、最古の写本が蓮如上人《れんにょしょうにん》による書写本です。その構成は、最初に「前序《ぜんじょ》」と呼ばれる序文がありますが、この部分だけが漢文で書かれていて、全体の「総序《そうじょ》」

とでもいうべき部分です。

その後、第一条から第十条までは、親鸞聖人ご自身の言葉がまとめられていて、いわば「語録」となっています。親鸞聖人の訓示《くんじ》という意味から、「師訓篇《しくんへん》」ともいわれています。

親鸞聖人の語録である「師訓篇」の後に、親鸞聖人の言葉と引き比べて、著者である唯円が感じていた、当時の誤った理解をいかにして正していくかという強い思いが述べられています。これは後半部分の「序」ともいえる内容であることから、「中序《ちゅうじょ》」ともいわれています。

最後の「後序《ごじょ》」も含めると、この『歎異抄』には、「序」が三つあることになります。『教行信証《きょうぎょうしんしょう》』にも、「総序」「別序《べつじょ》」「後序」と、序が三つありますから、そのこと自体に違和感があるわけではありませんが、もともとの原型が、蓮如上人の書写本の通りであったかどうかについては、はっきりとはわかりません（「中序」の章、本書一三五頁参照）。

「中序」を承《う》けて、唯円が問題ありと感じた「異義」を、具体的に、第十一条から第十八条にわたって詳しく紹介・批判しています。これは、前半の「師訓篇」に対して「異義篇」といわれています。

最後に、この『歎異抄』を執筆した意図や心情などについて、親鸞聖人との思い出などを交《まじ》え、全体を結びます。「後序」とも「後跋《ごばつ》」ともいわれています。

さらに附録の形で、「承元《じょうげん》の法難《ほうなん》」の時の「流罪《るざい》記録」も併せて掲載されています。

今はこの構成にしたがって、『歎異抄』の本文を読み進めていくこととしましょう。

いまこそ読みたい　歎異抄　目次

凡　例

一、『歎異抄』及び聖教の引用は、『浄土真宗聖典（註釈版）第二版』『浄土真宗聖典（註釈版七祖篇）』（共に本願寺出版社）によった。

二、七祖聖教も『教行信証』に引用されているものは、それを引用した。

三、引用文献、及び本文の漢字は、常用体のあるものは、常用体を使用した。

四、聖教引用の後に、『浄土真宗聖典（註釈版）第二版』『浄土真宗聖典（註釈版七祖篇）』の頁数とともに、『真宗聖典』（真宗大谷派宗務所出版部）、『真宗聖教全書』（大八木興文堂）の頁数を併記した。

五、引用文献は、以下のように略記する。

『浄土真宗聖典（註釈版）第二版』……………「註釈版」

『浄土真宗聖典（註釈版七祖篇）』……………「七祖篇」

『真宗聖典』（真宗大谷派宗務所出版部）……………「聖典」

『真宗聖教全書』（大八木興文堂）……………「真聖全」

『浄土真宗聖典全書』（本願寺出版社）……………「聖典全書」

いまこそ読みたい

歎異抄

前序（総序）

前序　本文

ひそかに愚案《ぐあん》を回《めぐ》らして、ほぼ古今《ここん》を勘《かんが》ふるに、先師《せんし》（親鸞）の口伝《くでん》の真信《しんしん》に異《こと》なることを歎《なげ》き、後学相続《こうがくそうぞく》の疑惑《ぎわく》あることを思《おも》ふに、幸《さいわ》ひに有縁《うえん》の知識《ちしき》によらずは、いかでか易行《いぎょう》の一門《いちもん》に入《い》ることを得《え》んや。まつたく自見《じけん》の覚語《かくご》をもつて、他力《たりき》の宗旨《しゅうし》を乱《みだ》ることなかれ。よつて、故親鸞聖人《こしんらんしょうにん》の御物語《おんものがたり》の趣《おもむき》、耳《みみ》の底《そこ》に留《とど》むるところ、いささかこれを注《しる》す。ひとへに同心行者《どうしんぎょうじゃ》の不審《ふしん》を散《さん》ぜんがためなりと云々《うんぬん》。

（註釈版八三一頁、聖典六二六頁）

私　訳

私の愚かな頭で、少しばかり、今の時代のあり方と親鸞聖人が生きておられたころとを、比べ考えてみますと、今の状況は、聖人が直接お説きくださった真実信心の内容とは、かなり異なっているように思われるのが、とても嘆《なげ》かわしく、後の世に教えを継承していくには、このままでは疑いや惑《まど》いが起こってしまうに違いありません。そのことを思うにつけても、み教えを伝えてくださる良き師に出あうという幸せがあってこそ、こうして、易行《いぎょう》の浄土門に至ることができたのです。けっして、自分勝手な見解によって、本願他力の教えを取り違えてはなりません。

そこで、親鸞聖人がご存命中、直《じか》にお説きくださったお言葉について、私の耳の底から離れないものの内から、少しばかり書き留めておこうと思います。

これは、ただひとえに、同じく信心を喜び、同じ念仏の道を歩む人たちの、不審や疑問を取り除こうと思ってのことです。

漢文で書かれた前序

「前序」の部分だけが、漢文で書かれています。そこには、この書全体を束《たば》ねる意図があるものと思われます。

通常、この部分を「前序《ぜんじょ》」と呼びならわしていますが、同書全体を束ねる意味では、「総序」と称するほうが適切かと思っています。

書き出しの「ひそかに愚案《ぐあん》を回《めぐ》らして」の「ひそかに」は、親鸞聖人が書かれた『教行信証《きょうぎょうしんしょう》』「総序」の、

ひそかにおもんみれば、（註釈版一三一頁、聖典一四九頁）

の「ひそかに」と同じ「竊に」の字が用いられており、唯円《ゆいえん》は、『教行信証』の「総序」に倣《なら》ったのかもしれません。そうすると、唯円は『教行信証』を目にしていたということになります。

しかし、唯円がもし書写《しょしゃ》を許されていたならば、その感激を「後序《ごじょ》」にでも述べそうなものです。親鸞聖人が法然《ほうねん》聖人から『選択集《せんじゃくしゅう》』の書写を許された感激は、『教行信証』の「後序」に述べられています。確かなことはわかりませんが、閲覧だけは許されたのかもしれません。あるいは、単純に当時の一般的慣用句だっただけかもしれません。

「前序」は、四つの文章によって構成されています。

まず、第一文は少し長い文章で、

ひそかに愚案《ぐあん》を回《めぐ》らして、ほぼ古今《ここん》を勘《かんが》ふるに、先師《せんし》の口伝《くでん》の真信《しんしん》に異《こと》なることを歎《なげ》き、後学相続《こうがくそうぞく》の疑惑《ぎわく》あることを思《おも》ふに、幸《さいわ》ひに有縁《うえん》の知識《ちしき》によらずは、いかでか易行《いぎょう》の一門《いちもん》に入《い》ることを得《え》んや。

です。

ひそかに愚案《ぐあん》を回《めぐ》らして、ほぼ古今《ここん》を勘《かんが》ふるに、

とは、唯円自身が、自分のつたない思いをめぐらして、親鸞聖人が生きておられたころと、今の唯円の時代とをあわせ考えてみたときに、という唯円の問題意識の出発点が明示された文章です。その思いから、

先師《せんし》の口伝《くでん》の真信《しんしん》に異《こと》なることを歎《なげ》き、

と述べられたところには、まさしく、この『歎異抄』の書名となった唯円の悲歎が吐露されています。先師親鸞聖人から直接お聞きした真実信心の内容と大きく相違していることが、まことに歎《なげ》かわしく、

さらには、

後学相続《こうがくそうぞく》の疑惑《ぎわく》あることを思《おも》ふに、

と、このまま放置していては、親鸞聖人の流れを汲《く》む後学の者たちが疑ったり迷ったりしないか、将来のことも気になってしかたがない、との思いが述べられています。

このように、現状と将来のことを思うにつけても、

幸《さいわ》ひに有縁《うえん》の知識《ちしき》によらずは、いかでか易行《いぎょう》の一門《いちもん》に入《い》ることを得《え》んや。

幸いにも親鸞聖人という、まことの「知識」に出あえたからこそ、こうして他力念仏という易行の教えを正しく受け取ることができたという喜びが述懐《じゅっかい》されるのです。それとともに、この一文は、親鸞聖人という「知識」に出あえた自負心の表明でもあるでしょう。

この一文に続いて、

まったく自見《じけん》の覚語《かくご》をもつて、他力《たりき》の宗旨《しゅうし》を乱《みだ》ることなかれ。

という第二文へと至ります。親鸞聖人自身の言葉にこそ依《よ》るべきであるのに、自らの勝手な理解、「自見の覚語」によって、聖人の顕《あらわ》された他力の教えを乱すことに強い憤《いきどお》りが示されています。

唯円の願い

続く第三文では、

よって、故親鸞聖人《こしんらんしょうにん》の御物語《おんものがたり》の趣《おもむき》、耳《みみ》の底《そこ》に留《とど》むるところ、いささかこれを注《しる》す。

と、各々の自分勝手な理解を改めるため、親鸞聖人ご自身が語っておられた言葉を、記憶している限り記しておこうとされたわけです。

ちなみに、この『歎異抄』には著者の名前が明記されておらず、厳密には著者不明というべきかもしれません。その内容が、第三代覚如《かくにょ》上人の書かれた『口伝鈔《くでんしょう》』と重なる部分も多いことから、著者は覚如上人ではないかと考えられた時期がありました。しかし、覚如上人では、「耳の底に留むるところ」とあるような直接聖人からお聞きするのは不可能と考えられ、現在では、覚如上人説は否定されています。そして、本文中に何度か出てくる「唯円」という弟子を著者と見るのが、現在の定説となっています。

最後の、

ひとへに同心行者《どうしんぎょうじゃ》の不審《ふしん》を散《さん》ぜんがためなりと云々《うんぬん》。

の一文は、こうして、親鸞聖人のお言葉をまとめておくのは、同じ一味《いちみ》の信心の仲間において、同じ念仏行者の仲間において、これからもし、不審なこと、不明なことが起こった場合には、聖人ご自身の言葉に勝《まさ》る寄《よ》る辺はないのだから、親鸞聖人の語録集が必ず必要となると、唯円は考えたからなのです。「ひとへに」とは、これ以外の他意はないということで、「非難」や「批判」を目的としているのではなく、同心・同行《どうぎょう》の不安や混乱を避けたい一心であるとの表明なのです。

これは、ちょうど、釈尊が入滅《にゅうめつ》なさった後、それまでは直接釈尊に尋ねることができましたが、これからは直接尋ねることができないので、釈尊がご存命中にお説きくださった説法のすべてを、『経典』としてまとめておこうと発案した「結集《けつじゅう》」と同じ目的といえるでしょう。

『経典』によって、釈尊の説法に時代や地域を超えて出あうことができるように、『歎異抄』によって、親鸞聖人の生の言葉に接することができるようになったのです。

第一条

第一条　本文

弥陀《みだ》の誓願不思議《せいがんふしぎ》にたすけられまゐらせて、往生《おうじょう》をばとぐるなりと信《しん》じて念仏申《ねんぶつもう》さんとおもひたつこころのおこるとき、すなはち摂取不捨《せっしゅふしゃ》の利益《りやく》にあづけしめたまふなり。弥陀《みだ》の本願《ほんがん》には、老少《ろうしょう》・善悪《ぜんあく》のひとをえらばれず、ただ信心《しんじん》を要《よう》とすとしるべし。そのゆゑは、罪悪深重《ざいあくじんじゅう》・煩悩熾盛《ぼんのうしじょう》の衆生《しゅじょう》をたすけんがための願《がん》にまします。しかれば、本願《ほんがん》を信《しん》ぜんには、他《た》の善《ぜん》も要《よう》にあらず、念仏《ねんぶつ》にまさるべき善《ぜん》なきゆゑに。悪《あく》をもおそるべからず、弥陀《みだ》の本願《ほんがん》をさまたぐるほどの悪《あく》なきゆゑにと云々《うんぬん》。

（註釈版八三一～八三二頁、聖典六二六頁）

私訳

私たちの思いによってははかり知ることのできない阿弥陀仏のおはたらきによって、必ず浄土に往生させていただくという信心をめぐまれ、そのよろこびの上から報謝の念仏がこぼれ出る、まさにその時に、摂《おさ》め取って捨てないという救いの利益《りやく》の中にあるのです。

阿弥陀仏の本願においては、年齢が多いとか少ないとか、善人とか悪人とか、そのように、人を選別することはありません。本願をそのまま聞き受け入れる信心一つが肝要《かんよう》なのだと知らねばなりません。そのわけはというと、阿弥陀仏の本願とは、罪深く、煩悩《ぼんのう》が燃えさかっているような者をこそ救おうとされた願いだからです。

したがって、本願を信じるにおいては、念仏以外の善は必要ありません。念仏以上の善はないからです。そして、どんな悪も恐れる必要はありません。阿弥陀仏の本願の邪魔をする以上の悪はないからです、そう仰《おお》せになりました。

浄土真宗の教えの肝要をあらわす第一条

第一条は、大きく三段に分かれます。

第一段　弥陀の誓願不思議にたすけられまゐらせて、往生をばとぐるなりと信じて念仏申さんとおもひたつこころのおこるとき、すなはち摂取不捨の利益にあづけしめたまふなり。

第二段　弥陀の本願には、老少・善悪のひとをえらばれず、ただ信心を要とすとしるべし。そのゆゑは、罪悪深重・煩悩熾盛の衆生をたすけんがための願にまします。

第三段　しかれば、本願を信ぜんには、他の善も要にあらず、念仏にまさるべき善なきゆゑに。悪をもおそるべからず、弥陀の本願をさまたぐるほどの悪なきゆゑにと云々。

まず、第一段です。みなさんが、「浄土真宗の教えを一言で説明してください」と言われて返答に困ったときは、この一文で答えれば、おそらく充分です。その意味では、この第一段が第一条の中心であるといえますが、私自身は、後で説明しますように、第十一条との関係が大きいと考えています。それでもなお、この第一段の一文が、「浄土真宗の教えの肝要」を簡潔に明示している意義は動きません。それは、この文が、本願成就文《ほんがんじょうじゅもん》の内容と対応していると考えられるからです。

本願成就文というのは、『無量寿経』に説かれるもので、

あらゆる衆生、その名号を聞きて信心歓喜《しんじんかんぎ》せんこと、乃至《ないし》一念《いちねん》せん。至心《ししん》に回向したまへり。かの国に生まれんと願ずれば、すなはち往生を得、不退転に住せん。（註釈版四一頁、聖典四四頁）

（諸有衆生、聞其名号、信心歓喜、乃至一念、至心回向、願生彼国、即得往生、住不退転）

という文です。

二つの文の対応を示してみると、

弥陀の誓願不思議にたすけられまゐらせて

＝聞其《もんご》名号《みょうごう》（阿弥陀如来のよび声である名号を聞くことによって、）

往生をばとぐるなりと信じて

＝信心歓喜《しんじんかんぎ》（信心喜ぶ身となった）

念仏申さんとおもひたつこころのおこるとき

＝乃至《ないし》一念《いちねん》（まさに、その時に、）

すなはち摂取不捨の利益にあづけしめたまふなり

＝即得往生《そくとくおうじょう》・住不退転《じゅうふたいてん》（必ずさとりをひらくことに決定《けつじょう》した正定聚《しょうじょうじゅ》不退の位《くらい》に定まる）

これによって、親鸞聖人のお言葉と本願成就文との対応については、おおよそ理解していただけると思います。

「選ばない」という平等の心

第一条の第二段は、

弥陀の本願には、老少・善悪のひとをえらばれず、ただ信心を要とすとしるべし。そのゆゑは、罪悪深重・煩悩熾盛の衆生をたすけんがための願にまします。

です。

阿弥陀仏の救いは、相手を選びません。老いも若きも、男も女も、善人も悪人も、「十方衆生《じっぽうしゅじょう》」と誓われた、すべての者を等しく救うご法義です。

磁石が釘を引き付けるとき、折れていても、曲がっていても、錆《さ》びていても、同じように引き寄せます。折れているとか曲がっているとかは、人間の側の話で、磁石にとっては、何の関係もありません。阿弥陀仏の救いも、ご本願の前では、みな等しく救いの目当てです。

阿弥陀仏が、どんな者でも等しくお救いくださるのは、私たちの世界は明日がわからないところだからです。明日の保証されていない世界で、「あれをしてきなさい」、「これをしてきなさい」という教えでは、間に合いません。だからこそ、いつでも、どこでも、誰にでも間に合うように、「本願他力」の法義を仕上げられたのです。

「本願他力」とは、磁石に引き付けられて動いている釘《くぎ》が、動いているのは釘でも、釘自身に動く力がないことと同じです。私たちの念仏生活も、お念仏申しているのは私ですが、その根源は阿弥陀仏の本願力、本願他力のもよおしなのです。私の口からは、他人の悪口や愚痴《ぐち》しか出てくるはずはなく、お念仏が出てくるのは、仏力・他力のはたらきしかありえません。

阿弥陀仏の救いの大きな特徴である「選ばない」という視点は、今日《こんにち》、とても大切だと思います。

私たちは、自分にとって損か得か、好きか嫌いか、役に立つか立たないかと、つねに自分中心の見方で、人を選別しています。「勝ち組・負け組」などと称して、人を蹴《け》落とし、人をいじめたり、差別したりして、それで自分が勝ったような錯覚をしています。しかし、他人を傷つけることは、それによって自分の値打ちを下げて、自分自身も傷つけていることを知らねばなりません。

それと、私は「民主主義」を否定するつもりはないのですが、西洋の民主主義は、「多数の民意には神の意志が宿る」という、キリスト教の考え方に立っています。しかし仏教では、いくら集まっても、凡夫《ぼんぶ》は凡夫です。山で道に迷ったときに、人影《ひとかげ》を見つけると、「助かった」と思うでしょう。「助かりました。道に迷って困ってたんです」と駆け寄ったとき、「実は、私も迷って困っていたのです」と言われたのでは、何の解決にもなりません。迷っている者（凡夫）が、いくら集まっても解決の道を見出すことはできません。わかっている人、真実を知っておられる仏さまに聞かなければ、進むべき道は見つからないのです。

繰り返しますが、私は決して民主主義を否定するつもりはありません。ただ、拠って立つ立脚点の違いは、知っておくべきでしょう。仏教における「民主主義」や「平等」の視点は、この「選ばない」という仏意《ぶつい》を根拠にすべきだと思うのです。

次に、「煩悩熾盛《ぼんのうしじょう》」という表現について考えます。親鸞聖人の「煩悩」の用例には、「煩悩具足《ぐそく》」「煩悩成就《じょうじゅ》」「煩悩熾盛」の三つがあります。

「煩悩具足」とは、煩悩と名のつくものは、すべて具《そな》えているという意味です。お仏壇の「三具《みつぐ》足《そく》」とは、香炉《こうろ》・蠟燭立《ろうそくたて》・花瓶《かひん》の三つが、すべて揃っていることをいいます。「煩悩具足」とは、ありとあらゆる煩悩を、何一つ欠けることなくすべて持ち合わせている状態で、いわば煩悩の総合デパートが私たちです。

「煩悩成就」の意味は、江戸時代の道隠和上《どうおんわじょう》は、「川の水を刀で切るようなもの」と説明されています。つまり、切っても切っても何も変わらないということです。私たちの煩悩は、次から次へと湧き起こってくるからです。

『歎異抄』に見られる「煩悩熾盛」とは、次から次へと湧き起こってくる煩悩が、まさしく燃えさかる大きな炎のような状態なのです。

自力以上の悪はない

第一条の第三段は、

> しかれば、本願《ほんがん》を信《しん》ぜんには、他《た》の善《ぜん》も要《よう》にあらず、念仏《ねんぶつ》にまさるべき善《ぜん》なきゆゑに。悪《あく》をおそるべからず、弥陀《みだ》の本願《ほんがん》をさまたぐるほどの悪《あく》なきゆゑにと云々《うんぬん》。

です。

「念仏にまさるべき善なき（念仏以上の善はない）」について、少し説明します。

法然《ほうねん》聖人以前の日本の仏教では、「八宗兼学《はっしゅうけんがく》」と称し、奈良時代の南都六宗《なんとろくしゅう》（華厳《けごん》・律《りつ》・法相《ほっそう》・成実《じょうじつ》・倶舎《くしゃ》・三論《さんろん》の各宗）と、平安二宗（天台宗と真言宗）の八宗の学問や修行を併《あわ》せて学び行《ぎょう》ずることを目指していました。一つだけよりも複数を兼《か》ねたほうが効果が高いと考えられていて、当時の念仏の教えは、八宗に付随する程度のものとしか考えられていませんでした。

通常の集合論からは、念仏一行《いちぎょう》よりも、多くの諸行《しょぎょう》を兼ねたほうが勝《すぐ》れていると考えられるでしょう。しかし、法然聖人は、念仏一行が、あらゆる諸行よりも勝れていることを明らかにしてくださいました。諸行は、それぞれ個別の功徳しか持たないのに対し、名号は「万徳《まんどく》の帰《き》するところ」（七祖篇一二〇七頁、真聖全一・九四三頁）として、あらゆる功徳がこめられています。だから、名号がはたらいているすがたとしての念仏には、「念仏以上の善はない」のです。

「弥陀の本願をさまたぐるほどの悪なき」を「阿弥陀仏の本願の邪魔をする以上の悪はない」と意訳したのには異論があるかもしれません。私の思いとすれば、前半の「念仏以上の善はない」の対句と考え、「本願の邪魔をする以上の悪はない」と意訳しました。

どんな悪人をも漏らさない阿弥陀仏の救いなら、べつに悪いことをするわけでもないので、自力くらい大目に見てくれないかと思うかもしれません。ところが、そうはいかないのです。

自力は、本願の邪魔をするからです。それが自力の罪深さです。

せっかく阿弥陀仏から真実が届けられているのに、私たちがつまらない浅知恵で自力の手垢《てあか》をつけるから、本願の邪魔になるのです。

澄《す》み切った水が一滴《いってき》の墨汁《ぼくじゅう》で台無しになり、どんなご馳走《ちそう》も、一滴の農薬や劇薬によって、一瞬で毒饅頭《どくまんじゅう》になる。それが自力です。親鸞聖人は、「雑毒雑修《ぞうどくざっしゅ》の善《ぜん》（自力という毒の雑った善）」（『信文類』註釈版二三五頁、聖典二二八頁）とおっしゃっています。

第二条

第二条　本文

おのおの十余箇国《じゅうよかこく》のさかひをこえて、身命《しんみょう》をかへりみずして、たづねきたらしめたまふ御《おん》こころざし、ひとへに往生極楽《おうじょうごくらく》のみちを問《と》ひきかんがためなり。しかるに念仏《ねんぶつ》よりほかに往生《おうじょう》のみちをも存知《ぞんじ》し、また法文等《ほうもんとう》をもしりたるらんと、こころにくくおぼしめしておはしましてはんべらんは、おほきなるあやまりなり。もししからば、南都北嶺《なんとほくれい》にもゆゆしき学生《がくしょう》たちおほく座《おわ》せられて候《そうろ》ふなれば、かのひとにもあひたてまつりて、往生《おうじょう》の要《よう》よくよくきかるべきなり。親鸞《しんらん》におきては、ただ念仏《ねんぶつ》して、弥陀《みだ》にたすけられまゐらすべしと、よきひと（法然）の仰《おお》せをかぶりて、信《しん》ずるほかに別《べつ》の子細《しさい》なきなり。念仏《ねんぶつ》は、まことに浄土《じょうど》に生《うま》るるたねにてやはんべらん、また地獄《じごく》におつべき業《ごう》にてやはんべるらん、総《そう》じてもつて存知《ぞんじ》せざるなり。たとひ法然聖人《ほうねんしょうにん》にすかされまゐらせて、念仏《ねんぶつ》して地獄《じごく》におちたりとも、さらに後悔《こうかい》すべからず候《そうろ》ふ。そのゆゑは、自余《じよ》の行《ぎょう》もはげみて仏《ぶつ》に成《な》るべかりける身《み》が、念仏《ねんぶつ》を申《もう》して地獄《じごく》にもおちて候《そうら》はばこそ、すかされたてまつりてといふ後悔《こうかい》も候《そうら》はめ。いづれの行《ぎょう》もおよびがたき身《み》なれば、とても地獄《じごく》は一定《いちじょう》すみかぞかし。弥陀《みだ》の本願《ほんがん》まことにおはしまさば、釈尊《しゃくそん》の説教《せっきょう》虚言《きょごん》なるべからず。仏説《ぶっせつ》まことにおはしまさば、善導《ぜんどう》の御釈《おんしゃく》虚言《きょごん》したまふべからず。善導《ぜんどう》の御釈《おんしゃく》まことならば、法然《ほうねん》の仰《おお》せそらごとならんや。法然《ほうねん》の仰《おお》せまことならば、親鸞《しんらん》が申《もう》すむね、またもってむなしかるべからず候《そうら》ふか。詮《せん》ずるところ、愚身《ぐしん》の信心《しんじん》におきてはかくのごとし。このうへは、念仏《ねんぶつ》をとりて信《しん》じたてまつらんとも、またすてんとも、面々《めんめん》の御《おん》はからひなりと云々《うんぬん》。

（註釈版八三二～八三三頁、聖典六二六～六二七頁）

私訳

皆さんが、はるばる関東からこの京都まで、まさに命がけで訪ねて来られた目的は、おそらく、ただ一つ、浄土往生の道筋が知りたいということなのだと思う。

しかしながら、この私が、念仏以外に浄土往生の方法を知っているとか、また、そういうことが説かれた仏典を知っているとでも思っているとしたら、それは大きな間違いです。もし、そう思っているのなら、奈良や比叡山《ひえいざん》には、すぐれた学問僧がたくさんおられるので、そういう方々に会って、浄土往生の要点を詳《くわ》しく聞くのがよろしかろう。

この親鸞においては、「念仏一つで阿弥陀仏に救われ、浄土に往生させていただく」という恩師法然《ほうねん》聖人のお言葉を信じる以外に、格別の言い分があるわけではないのだ。

念仏が、本当に浄土往生の因《いん》であるのか、はたまた地獄に堕《お》ちる行いなのか、まったくもって知るところではない。

たとえ法然聖人にだまされて、念仏したために地獄に堕《お》ちたとしても、何の後悔もない。なぜかというと、他にいろいろな行《ぎょう》を励んで、それによって仏になれたはずの身が、念仏したために地獄に堕ちたというのなら、「だまされた」という後悔もあるだろう。しかし、どんな行《ぎょう》もとても及ばないこの私には、地獄以外に行き場所はないのだから。

阿弥陀仏の本願が真実なら、それを説いてくださった釈尊の経典《きょうてん》が、嘘偽《うそいつわ》りのはずはない。釈尊のお説きくださったみ教えが真実なら、善導大師《ぜんどうだいし》のご解釈も偽りのはずはない。善導大師のご解釈が真実なら、それを承《う》けられた法然聖人の仰《おお》せも偽りのはずはない。法然聖人がおっしゃったことが真実なら、この親鸞が申すこともまた、無意味なことではなかろう。

要するに、この私の信心については、今申したようなことだ。

この上は、念仏の道を信じようとも、あるいは捨てようとも、それぞれの判断次第であって、私の関《かか》わるところではない、とのことでした。

命がけで訪ねて来た事情

親鸞聖人は、九歳の時に比叡山に上《のぼ》られ、そこで二十年の間、天台の学問と修行に励まれましたが、法然聖人との出あいによって、念仏の教えに辿《たど》り着かれました。法然聖人とともに念仏を喜ぶ充実した日々も束《つか》の間、念仏弾圧によって、法然聖人は四国へ、そして親鸞聖人は越後《えちご》へと流罪《るざい》になりました。

流罪赦免《しゃめん》の後、法然聖人のご往生を聞かれた親鸞聖人は、京都には戻られず、越後流罪という法難に伝道という新たな意義を見出《みいだ》され、新しい伝道の場を求めて関東へと向かわれました。しかし晩年になって、『教行信証《きょうぎょうしんしょう》』の完成のために、再び京都の地を踏み、精力的に著作活動をなさいました。

京都に戻られた後に、多くの門弟《もんてい》が訪れるとしたら、越後か関東からしかないでしょう。しかし、京都までの道のりが「十余箇国《じゅうよかこく》」とあるので、越後ではなく、関東からということになります。具体的には、常陸《ひたち》から、下総《しもうさ》・武蔵《むさし》・相模《さがみ》・駿河《するが》・遠江《とおとうみ》・三河《みかわ》・尾張《おわり》・美濃《みの》・近江《おうみ》・山城《やましろ》といったところかと思われます。

「身命《しんみょう》をかへりみずして」とは、「命がけで」という意味です。現在では、茨城県から京都まで、新幹線を乗り継げば四～五時間で着けるでしょうが、乗り物のない当時ですから、一か月近くはかかったと考えられます。

親鸞聖人のお手紙の中に、覚信房《かくしんぼう》という門弟が、やはり関東から京都に向かっていたときに途中で病気にかかり、連れの人たちは引き返して戻れと言うのですが、覚信房は、同じ死ぬなら親鸞聖人のもとで死にたいと言った、という話が書かれた御消息が残されています（註釈版七六六～七六七頁、聖典五八七頁）。文字通り「命がけ」だったのです。

『歎異抄』の「中序《ちゅうじょ》」に、

そもそも、かの御在生《ございしょう》のむかし、おなじくこころざしをして、あゆみを遼遠《りょうえん》の洛陽《らくよう》にはげまし、
（註釈版八三七～八三八頁、聖典六三〇頁）

と、唯円《ゆいえん》自身も、関東から京都の親鸞聖人のもとを訪ねたことが記されています。このことから、この第二条の関東から親鸞聖人を訪ねた一行の中に、当の唯円自身がいたと考える説があります。確かに、そう思わせる臨場感が、第二条にはあります。

さて、第二条において、門弟の人たちは、どんな事情で、何を尋ねに、命がけで来たのでしょう。これには、二つの可能性が指摘されています。

一つは、いわゆる善鸞《ぜんらん》事件です。経緯の概略を申しますと、親鸞聖人が京都に戻られた後、関東では聖人ご不在のため、わからないことが起こると、どんどん混乱が大きくなっていきました。そこで親鸞聖人は、ご自身の高齢を考え、実子の善鸞を事態収拾のため関東に赴《おもむ》かせました。しかし、関東の門弟たちは、かつて直接親鸞聖人の教えを受けた人たちであったため、善鸞の言うことをなかなか聞き入れません。事態に窮《きゅう》した善鸞は、ついに禁じ手に手を出します。「実は、父である親鸞聖人は、夜ごと自分だけに密《ひそ》かに教えてくれたのだ」と言って、自身の言い分を信用させようとしたのです。当然のごとく、混乱にさらに拍車がかかり、果ては鎌倉幕府の裁判沙汰にまでなってしまいました。当初は、善鸞の虚偽報告を信用していた親鸞聖人でしたが、やがて事の真相に気づいた聖人は、法義のけじめをつけるために、善鸞を義絶《ぎぜつ》する結末に至りました。これが善鸞事件です。

右の事情について、親鸞聖人のお手紙の中には、

慈信房の法文のやう、名目《みょうもく》をだにもきかず、しらぬことを、慈信一人《じしんいちにん》に、夜親鸞《よるしんらん》がをしへたるなりと、人《ひと》に慈信房《じしんぼう》申されて候《そうろ》ふとて、

（註釈版七五四頁、聖典六一一頁）

と記され、今まで親鸞聖人が説いておられた内容以外に特別な申し伝えがあると、善鸞が言っていたことがわかります。

このようなことを背景に、「善鸞さまが言うように、ほかに何か特別なことがあるのですか」と、直接、親鸞聖人にお会いして尋ねようとした門弟たちに対して、その返答に当たるのが、「念仏よりほかに往生のみちをも存知《ぞんじ》し、また法文等《ほうもんとう》をもしりたるらんと、こころにくくおぼしめしておはしましてはんべらんは、おほきなるあやまりなり」であるとするのが、一番目の説です。

結果として史実によく符合するので、現在、最も有力な説ですが、ただこの説だと、親鸞聖人は、「ほかの特別なこと（念仏よりほかの往生のみち）」を善鸞が述べていた、この事件の真相を、すでに知っておられたことになり、それなら、別の対応があってもよさそうな気もします。

二つ目は、日蓮《にちれん》聖人との関係性を見る説です。親鸞聖人ご往生の年に日蓮は伊豆に流罪となっていますから、年代的にはちょうど重なります。この時期、日蓮は、関東で精力的に法華経《ほけきょう》信仰を説き、特に他宗に対しての攻撃的姿勢は激烈《げきれつ》で、念仏の教えに対しても、「念仏は無間《むけん》地獄に堕《お》ちる」という主張を繰り広げていました。このことが、関東の門弟の耳に入ったとしても不思議ではなく、不安に思った門弟たちが聖人のもとを訪ねたと考えるわけです。

この第二条での、「念仏は、まことに浄土に生《うま》るるたねにてやはんべらん、また地獄におつべき業《ごう》にてやはんべるらん、総じてもつて存知《ぞんじ》せざるなり」との親鸞聖人のお言葉は、日蓮の「念仏は無間地獄に堕ちる」という主張への反論を期待した、門弟たちの切実な問いを受けてのものと考えることができます。

いずれにしても、関東からはるばる命がけで「後生《ごしょう》の一大事」に関わることを尋ねに来た門弟たちに対して、奈良や比叡山の高僧方に聞きなさいとか、「総じてもつて存知せざるなり」とか、いわば、〝つれない〟返答なのです。親鸞聖人という方は、もっと温かい人柄かと思っていたのに、こんな冷たい人なのか、という印象を持たれたかもしれませんが、そこには、大切な思し召《おぼめ》しがあるように思います。

安易に安心させるのは危ない

はるばる関東から訪ねて来た門弟たちをご覧になった親鸞聖人は、どんな印象を持たれたのでしょうか。「後生《ごしょう》の一大事」に関わる問題ですから、おそらく真剣そのものであったに違いなく、親鸞聖人が、その気配を感じ取られないはずはありません。まなじりを決し、血相さえ変えた、そのただならぬ真剣さそのものを、聖人は危険視されたのだと思います。

不安で不安でしょうがなく、居ても立ってもいられず、聖人のもとを訪ねた彼らは、聖人のお言葉に、「安心がほしい」、「保証がほしい」という思いであったに違いありません。そんな門弟たちに、「大丈夫ですよ」と安易に安心を与えることは、むしろ大きな過《あやま》ちの元になると、聖人は判断されたのではないかと思うのです。

「安心できるものがほしい」と、安心や保証をつかもうとして、何かをつかんだとすると、それは、自らつかもうとした自力の所産《しょさん》にすぎません。自分で取りにかかろうとしたものは、すべて自力の手《て》垢《あか》がついています。親鸞聖人は、そこを見逃されませんでした。自力の安心《あんしん》を与えてはならないと判断され、いったんはわざと突き放されたのです。

真実をつかもうと思ったら、求める先から逃げていきます。それが他力のご法義です。

昔、播州《ばんしゅう》（今の兵庫県）に、儀右衛門《ぎえもん》というありがたい同行《どうぎょう》がおられたそうです。その評判を聞きつけた、同じ近畿地方の漁師の人が、はるばる儀右衛門の所に行き、「後生の一大事について聞かせてください」と尋ねました。すると儀右衛門は、何と、「用事がない。帰れ、帰れ。帰って魚でも獲《と》っておれ」と言ったそうです。ずいぶんな対応ですよね。こう言われた漁師は、びっくりし、また唖然《あぜん》として、すごすごと引き返したのですが、家に戻って後からかみしめたとき、この言葉の本当の意味がわかったそうです。「何か、特別なものを求めようと思うな」、「魚を獲る生業《なりわい》の中にもお慈悲がある」、「阿弥陀さまのご法義は、私に用事がないご法義であった」と気づいたのです。

「安心がほしい」とつかもうとかかっている人に、安易に答えを与えることは、自力の毒饅頭《まんじゅう》を与えるに等しいのです。

事情は異なりますが、私はかつて、小さな子どもさんを亡くされた親御《おやご》さんから、「この子は、ちゃんと成仏しているでしょうか」と聞かれたことがあります。その時、安易に「大丈夫です。成仏されてます」と言ってしまうと、大きな過《あやま》ちになるでしょう。悲しみに沈んでいる親御さんを何とかしてあげたいという思いが先に立ちますが、「大丈夫ですよ」と、私は判定できる立場にはないのです。「この子のことを、ずっと忘れずに、これからも仏さまの教えを聞いてくださいね」としか言えない立場なのです。

また、少し前のことですが、宗教関係の新聞社から、「ペットは往生できるのか」という特集記事の取材依頼が本山の総合研究所に来ました。その時、私からはまず、「仏教は、基本的に自己を問うもので、他者の往生の可否《かひ》を論ずるものではなく、私たち人間は、他者の往生を判断する立場にはない」と申しました。判断できるのは阿弥陀仏だけです。その阿弥陀仏は、「十方衆生《じっぽうしゅじょう》」を救うとの誓いを立てられたのですから、ペットが除外される理由もないでしょうが、その判断は、私たち人間のすること、できることではないのです。「自分がかわいがってきたペットが成仏してほしい」という願いを理解できなくはありませんが、越権《えっけん》行為はできませんし、安易に保証したなら、自力の過ちを与えてしまうでしょう。さらに私は「自分のペットはかわいがっても、日頃食べている肉や魚のことに思いを寄せているでしょうかね」と、少し意地悪も言いました。

阿弥陀仏のお慈悲は、私に与えてはくださいますが、私には持たせないお慈悲でもあるのです。石見《いわみ》（島根県）の浅原才市《さいち》さんの詩に、

胸に咲かせた信の花
弥陀にとられて今ははや
信心らしいものはさらになし

と詠《よ》まれたものがあります。

私たちの信心は、他力回向《えこう》の信心として、如来さまからたまわったものです。しかし、この私の心ぶりを窺ってみると、信心らしいものはまったくなく、貪欲《とんよく》（貪《むさぼ》り）・瞋恚《しんに》（怒り）・愚痴《ぐち》（愚かさ）の煩悩《ぼんのう》しか見当たりません。

たしか一休禅師《ぜんじ》のエピソードだったかと記憶しますが、道すがら、ある山伏《やまぶし》に出会ったときに、その山伏から「仏性《ぶっしょう》は、どこにあるか」と聞かれ、「胸にあり」と答えると、山伏は、「それなら、その胸を切り裂いてやろう」と、一休禅師の胸ぐらをつかんだそうです。その時に一休禅師は、

春ごとに　咲くや吉野の　山桜　木を割りて見よ　花のありかを

との和歌を詠んだという話があります。

毎年春になると、奈良の吉野の桜は見事な花を咲かせます。桜の枝から芽が出て、花が咲きます。だったら冬の桜の枝を割ってみたら、桜の花がありますか。そんなものは、ありません。

この一休禅師の話は仏性のエピソードでしたが、私たちの信心に置き換えても、まったく同じです。信心は、心の中に起こります。しかし、私の心の中を割ってみても、心の中をのぞいてみても、信心らしいものはさらにないのです。煩悩以外のものは見当たりません。

親鸞聖人は、「信心を発起《ほっき》」するという「発起」について、その言葉の意味を、「発」は「むかしよりありしことをおこすを発といふ」、「起」は「いまはじめておこすを起といふ」と示してくださっています（註釈版五九一頁、脚註）。

信心は、「開発《かいほつ》」という場合もあります。石油開発《かいはつ》とか石炭開発は、地下に昔から石油や石炭があるから、掘ったら出てくるのです。いま、私たちの信心が「むかしからある」のは、私の中に以前から信心があるのではなく、阿弥陀仏のお慈悲が仏性として遍満《へんまん》し、それが私たちの心の中にも満ち満ちているという意味に理解すべきでしょう。それが私の側においては、「いま初めて起こる」のです。阿弥陀仏は、私にお慈悲を与えてくださいますが、それは、私がつかもうという自力の対象ではなかったのです。

親鸞聖人も、まさしく命がけで来られた関東の門弟たちが、安心《あんしん》をつかもうという思いでいると察知され、表面的には突き放した対応をされましたが、そこにも、同じお心を感じます。そして、その後には、力強いお言葉が続くのです。

覚如上人にも同様のご文が

たとひ法然聖人《ほうねんしょうにん》にすかされまゐらせて、念仏《ねんぶつ》して地獄《じごく》におちたりとも、さらに後悔《こうかい》すべからず候《そうろ》ふ。そのゆゑは、自余《じょ》の行《ぎょう》もはげみて仏《ぶつ》に成《な》るべかりける身《み》が、念仏《ねんぶつ》を申《もう》して地獄《じごく》にもおちて候《そうら》はばこそ、すかされたてまつりてといふ後悔《こうかい》も候《そうら》はめ。いづれの行《ぎょう》もおよびがたき身《み》なれば、とても地獄《じごく》は一定《いちじょう》すみかぞかし。

（註釈版八三一～八三三頁、聖典六二七頁）

「たとえ法然聖人にだまされて、念仏したために地獄に堕ちたとしても、何の後悔もない」という、親鸞聖人の、法然聖人に対する絶対の信頼が述べられています。

その理由について、この『歎異抄』では、「他にいろんな行《ぎょう》を励むことができたのに、法然聖人から念仏を勧《すす》められたために地獄に堕ちたのなら、後悔もするだろうが、もともと、どんな行もできないような身なのだから、どうせ地獄以外、行き場所はない」と述べられています。

徹底して自己を見つめられ、そして恩師法然聖人へと辿《たど》り着かれた、親鸞聖人の揺《ゆ》るぎない信仰表明が、私たちの心に強く響きます。

第三代覚如《かくにょ》上人の書かれた『執持鈔《しゅうじしょう》』では、

いつはりて往生浄土《おうじょうじょうど》の業因《ごういん》ぞと聖人授《しょうにんさず》けたまふにすかされまゐらせて、われ地獄《じごく》におつといふとも、さらにくやしむおもひあるべからず。そのゆゑは、明師《めいし》にあひたてまつらでやみなましかば、決定悪道《けつじょうあくどう》へゆくべかりつる身《み》なるがゆゑにとなり。（註釈版八六〇～八六一頁、聖典六四四頁）

と、『歎異抄』とほぼ同意の文が見られます。そのため、『歎異抄』は覚如上人の作と考えられたことがあるのです。

『執持鈔』では、さらに続いて、

しかるに善知識《ぜんぢしき》にすかされたてまつりて悪道《あくどう》へゆかば、ひとりゆくべからず、師《し》とともにおつべし。さればただ地獄《じごく》なりといふとも、故聖人《こしょうにん》のわたらせたまふところへまゐらん

（註釈版八六一頁、聖典六四四頁）

という一節があります。この部分は『歎異抄』には見られませんが、たとえ地獄でも、恩師と一緒な

らかまわないとの、法然聖人への絶対的信頼が表明されています。

いささか次元は異なりますが、以前、本山の若い女性事務員さんから、結婚の相談を受けたとき、次のようなことを言った記憶があります。まず一つは、「それによって、ますますお念仏が喜べるかどうかを考えなさい」ということでした（まさに、有名な法然聖人の法語「禅勝房伝説の詞」の二番煎じです）。

そして二つ目が、いまの、親鸞聖人と法然聖人との関係に関わってのことでした。「人生の伴侶となられる方なのですから、この人とだったら、どんな苦労も、一緒に乗り越えていける覚悟がありますか。ハードルは高めに設定しておかないと、私たちの心は揺らぐものですよ」と申しました。

もっとバラ色の話をしてあげたほうがよかったかもしれませんし、親鸞聖人と同様の覚悟を持てというのも、無理な話でしょう。しかし、我が身を振り返っても、この人をずっと大切にしようという初心が、どれほどなしえたかを考えると、「ハードルは高めに設定して」というのも、偽《いつわ》らざる思いだったのです。

「法然聖人と一緒だったら、たとえ、そこが地獄でも後悔しない」、本当に尊いお言葉です。「金剛《こんごう》心《しん》」とは、こういうことをいうのだと、あらためて深い感銘を覚えます。

往生は一人のしのぎ

弥陀《みだ》の本願《ほんがん》まことにおはしまさば、釈尊《しゃくそん》の説教虚言《せっきょうきょごん》なるべからず。仏説《ぶっせつ》まことにおはしまさば、善導《ぜんどう》の御釈虚言《おんしゃくきょごん》したまふべからず。善導《ぜんどう》の御釈《おんしゃく》まことならば、法然《ほうねん》の仰《おお》せそらごとならんや。法然《ほうねん》の仰《おお》せまことならば、親鸞《しんらん》が申《もう》すむね、またもつてむなしかるべからず候《そうら》ふか。詮《せん》ずるところ、愚身《ぐしん》の信心《しんじん》におきてはかくのごとし。このうへは、念仏《ねんぶつ》をとりて信《しん》じたてまつらんとも、またすてんとも、面々《めんめん》の御《おん》はからひなりと云々《うんぬん》。（註釈版八三三頁、聖典六二七頁）

この一段も、常識的判断を根底からくつがえす、力強い迫力に満ちています。関東の門弟《もんてい》たちは、もはや親鸞聖人に直接尋ねるよりほかはないという深刻な事態にまで行き詰まっていました。それが善鸞《ぜんらん》事件であったにせよ、日蓮の念仏批判であったにせよ、彼らが知りたかったのは、本当に本願が真実なのか、ということでした。

親鸞聖人のお手紙によれば、善鸞は、「第十八《だいじゅうはち》の本願《ほんがん》をば、しぼめるはなにたとへて」（註釈版七五五頁、聖典六一二頁）いたのであり、また日蓮は、本願念仏を無間《むけん》地獄に堕《お》ちると公言していました。いずれにしても、彼らが揺らいでいたのは、本願の真実性そのものだったのです。

そんな彼らに対しては、「かくかくしかじかだから、本願は間違いなく真実なのです」という説明方法が常套《じょうとう》のはずです。にもかかわらず、親鸞聖人の論法は正反対です。

「なぜ、本願が真実といえるのか」を知りたいと思っている人たちに、「本願が真実であれば……」と、まったく逆の論理展開なのです。一般の論理学では、「論点先取《せんしゅ》」という矛盾になるでしょうが、それは、私たち人間の世界での論理立てです。親鸞聖人が、あえてこうおっしゃっているのは、仏の世界のことを人間の論理で推《お》し測《はか》っても、何の意味もないということであって、仏の世界のことは、仏の論理でしか語れないからなのです。

私たちの迷いの世界の物差しで、自分の理性判断として、合点がいくか、いかないか、そういう次元のことではないのです。凡夫《ぼんぶ》の迷いの物差しで、さとりの世界の真実性を証明しようとしても、永久に不可能です。仏の世界の真実性は、仏の論理をもって証明するしかありません。お念仏の法義の真実性は、阿弥陀仏の本願を根拠とする以外にはないのです。凡夫の論理は、虚妄分別《こもうふんべつ》にすぎません。仏力・他力の論理こそが大切なのです。

そして、この条の最後では、念仏を信じようとも、また捨てようとも、「面々《めんめん》の御《おん》はからひなり」と結ばれています。蓮如《れんにょ》上人のお言葉にも、

往生《おうじょう》は一人《いちにん》のしのぎなり。

（『蓮如上人御《ご》一代記聞書《ききがき》』註釈版一二八四頁、聖典八八五頁）

とあるように、一人一人《いちにんいちにん》で受け取り、味わっていくほかないのが仏道です。「他人の言葉に頼ろうと思っていたのですか」、「こんなことで揺らぐ信心だったのですか」。そんな厳しいご叱正《しっせい》があるように感じます。

第三条

第三条　本文

善人《ぜんにん》なほもつて往生《おうじょう》をとぐ。いはんや悪人《あくにん》をや。しかるを世《よ》のひとつねにいはく、「悪人《あくにん》なほ往生《おうじょう》す。いかにいはんや善人《ぜんにん》をや」。この条《じょう》、一旦《いったん》そのいはれあるに似《に》たれども、本願他力《ほんがんたりき》の意趣《いしゅ》にそむけり。そのゆゑは、自力作善《じりきさぜん》のひとは、ひとへに他力《たりき》をたのむこころかけたるあひだ、弥陀《みだ》の本願《ほんがん》にあらず。しかれども、自力《じりき》のこころをひるがへして、他力《たりき》をたのみたてまつれば、真実報土《しんじつほうど》の往生《おうじょう》をとぐるなり。煩悩具足《ぼんのうぐそく》のわれらは、いづれの行《ぎょう》にても生死《しょうじ》をはなるることあるべからざるを、あはれみたまひて願《がん》をおこしたまふ本意《ほんい》、悪人成仏《あくにんじょうぶつ》のためなれば、他力《たりき》をたのみたてまつる悪人《あくにん》、もつとも往生《おうじょう》の正因《しょういん》なり。よつて善人《ぜんにん》だにこそ往生《おうじょう》すれ、まして悪人《あくにん》はと、仰《おお》せ候《そうら》ひき。

（註釈版八三三～八三四頁、聖典六二七～六二八頁）

私訳

善人でさえ往生を遂げることができるのです。まして悪人はいうまでもありません。

しかしながら、世間の人たちは、決まって「悪人でさえ往生できるのなら、まして善人はいうまでもない」と言います。これは一応もっともなようで、実は、本願他力のお心に反します。その理由は、自らの力で善を積もうとするような人は、ひとすじに本願にまかせる思いが欠けているので、阿弥陀仏の本願のお心にかなっていないのです。しかし、その自力をたよりとする思いを捨てて、本願他力のはたらきに、すべてをおまかせするならば、真実の浄土に往生することができます。私たちは、煩悩という煩悩を、すべて持ち合わせている身であるから、どんな行《ぎょう》を行《ぎょう》じてみても、迷いを抜け出ることはできません。そのような私たちを放《ほう》っておけず、ご本願という尊い願いを起こしてくださった阿弥陀仏の本当の目的は、悪人を成仏《じょうぶつ》させることにあるのですから、本願他力にすべてをまかせる悪人こそが、往生の因《いん》を持っているといえるのです。

それだから、善人でも往生できるので、まして悪人はいうまでもない、とおっしゃったのです。

「思い通り」という「不自由」

「善人なほもつて往生をとぐ。いはんや悪人をや」、この冒頭の主文だけなら、「悪人正機」の法義が示されていると見えますが、以下の文脈からは、必ずしもそうとは言い切れない面があることがわかります。まずは、この主文からうかがうこととしましょう。

それにしても、きわめてインパクトの強い文章で、「何かの間違いではないか」とさえ思うでしょう。しかし、「しかるを世のひとつねにいはく、『悪人なほ往生す。いかにいはんや善人をや』」と続くことから、誤植《ごしょく》でも見まちがいでもなかったことに気づきます。まさに、世間の常識を根底からくつがえす圧倒的な力がみなぎっています。道徳的な感覚からは「危なっかしい」と映るかもしれませんが、常識的な価値観の転換や変革こそが、宗教本来の持ち分でもあるのです。

常識的な価値観というと、どんなことを思い浮かべますか。たとえば「健康が一番」。なるほどとは思いますが、そう言っていられるのは若くて元気なうちで、人間だれもが、「老・病・死」は避けられません。さらには、「健康を害した人は不幸」と決めつけることにもなるでしょう。人によって、あるいは状況によって変わってしまうことに優劣をつける価値観は、いつかは、そして誰かが裏切られ、それは本当の幸せとはいいません。「畢竟依《ひっきょうえ》」（究極のよりどころ）を伝えていかねばなりません。

私が個人的に、いま一番問題にしたい常識的価値観は、「現代は科学が発達して便利で快適なのだから、今さら信心や念仏などなくても、何の不自由もない」という考え方です。こういう価値観でいる限り、「生死出《しょうじい》づべき道」は課題になりませんし、「生死出づべき道」が課題にならない人には、「さとり」も「浄土」も響くはずがなく、「浄土」が理解できない人には、親鸞聖人が切り拓《ひら》かれた「現生正定聚《げんしょうしょうじょうじゅ》（必ずさとりをひらく身に、この世で定まる）」の意味や意義も、まったくわからないことになります。こんにち、「ご法義が伝わりにくい」といわれる、その根源には、「信心や念仏などなくても何の不自由もない」という価値観から始まる負の連鎖があると想像しています。

考えてほしいことは、その時の「自由」とは、どういう意味で使われているかです。

言葉の意味を規定するときは、対義語から逆見するとわかりやすいと思います。「自由」の反対語は「不自由」ですが、どんな時に「不自由」と感じますか。若いころは簡単にできたことが、年をとると体が思うように動かない。そんな時に「不自由」を感じるでしょう。また反対に、若いころは、やりたいことがいっぱいあるのに、学校の規則や家庭のしつけが厳しいのでできない。そんな時にも「不自由」を感じるでしょう。もう、亡くなってかなりの年月が経ちますが、尾崎豊という歌手が歌った「卒業」という歌の中に、「支配からの卒業」という決めゼリフがありました。若い世代の人たちの閉塞感を表現していて、多くの若者の共感を得たようです。

それはともかくとして、自分の思うようにならない時に「不自由」を感じますから、「自分の思い通りになること」が「自由」だということになります。だいたいそんな意味で使っているでしょうし、そのことに何の疑いも抱いていないのが現代人です。

しかし、仏教では、「自分の思い通り」を「自由」とは考えません。「自分の思い通り」とは、欲望という煩悩に支配された、これも一つの「不自由」だと考えます。だからこそ、この煩悩の支配から逃れるために、「さとり」を求める「仏道」があるのです。

オランダのスピノザという哲学者に、「スピノザの石」と称される比喩《ひゆ》があります。石は自分の力では一歩も動けません。石が放り投げられた時、それまで一歩も動けなかった石は、今や空中を飛ぶことができ、「これで自由になった」と思っているかもしれません。しかし、投げられた時点においてすでに、一定時間の後に一定地点に落下することは避けられません。つまり、「自由になった」という思いは石の錯覚なのです。これと同じように、自分の思い通りになることが「自由」だという私たちの考え方は、実は錯覚にすぎません。けっして「支配からの卒業」ではなく、煩悩の支配のど真ん中にいるのです。

「自分の思い通り」は、本当の「自由」ではなく、これも一つの不自由にすぎないという、「価値の転換」をうながしていかねばなりません。蓮如《れんにょ》上人のお言葉に、

弥陀《みだ》をたのめば南無阿弥陀仏《なもあみだぶつ》の主《ぬし》に成《な》るなり。（註釈版一三〇九頁、聖典九〇〇頁）

とあります。私たちの不実な思いを主とするのではなく、南無阿弥陀仏を主とした生き方に転換していかなければならないと考えています。

また、「便利で快適を求める」ことは本当の幸せではなく、むしろ、『無量寿経』に、

〔欲《よく》〕心《しん》のために走《はし》り使《つか》はれて、安《やす》き時《とき》あることなし。（註釈版五四頁、聖典五八頁）

といわれるような「不安」や「迷い」であることにも気づかねばなりません。「便利で快適」を求めたために、過剰な電力需要を生み、それが膨大な二酸化炭素の排出となって、地球温暖化などの気候変動へつながったと考えられますし、さらには、「便利で快適」という欲望をそのままにして、二酸化炭素を出さない利点を持つ原子力発電に飛びついたために、それが、あの福島原子力発電所の大事故を引き起こすことになったとも考えられます。際限のない欲望の拡大を野放しにするのではなく、「つつしみ」や「たしなみ」を提示することが、念仏者に求められていると思われてなりません。

自身のあり方を恥じる

「悪人正機」は、念仏の教えならではの、大きな価値転換の一つです。ただ、気をつけなければならないことは、「悪人正機」とは、阿弥陀仏が私たちをご覧になって「凡夫《ぼんぶ》・悪人をほっておけない」と立ち上がられた、阿弥陀仏のお心の上で語られた言葉だということです。その阿弥陀仏の側のお言葉を、私たち衆生《しゅじょう》が勝手に自分たちのほうに持ち替えるから、「悪人正機だから、どんな悪いことをしてもいい」という、とんでもない誤解になるのであって、その典型が「本願ぼこり」というあり方でした。

私たち凡夫・悪人のありさまをご覧になって、「この凡夫・悪人を何とかしたい」と悲泣《ひきゅう》された阿弥陀仏の叫《さけ》びこそが「悪人正機」なのであり、阿弥陀仏を泣かせてきたことに気づいた私たちは、「だったら、もっと泣かせてやろう」と思うでしょうか。「もう、これ以上泣かせることはすまい」と自らが変わっていくのが、念仏者の「つつしみ」や「たしなみ」なのです。けっして、道徳的に「危なっかしい」わけではないし、道徳が、「〜してはいけない」と外から縛るのに対し、「悪人正機」は、自らが内側から変わっていくことに強みがあります。

法然《ほうねん》聖人のお言葉に、

悪人までをもすて給《たま》はぬ本願としらんにつけても、いよいよほとけの知見《ちけん》をばはづべし、かなしむべし。父母の慈悲あればとて、父母のまへにて悪を行《ぎょう》ぜんに、その父母よろこぶべしや。なげきながらすてず、あはれみながらにくむ也《なり》。ほとけも又《また》もてかくのごとし。

(『和語灯録《わごとうろく》』真聖全四・六四二頁)

(悪人さえも、お見捨てにならない阿弥陀仏の本願であることを知らせていただくにつけて、阿弥陀仏はいつもご覧になっていることを思えば、ますます、自らのあり方を恥じ、悲しまないわけにはいかない。たとえば、慈愛深い両親だからといって、その両親の前で悪事を行って、はたして喜ぶだろうか。歎《なげ》くに違いなく、それでも見捨てないだろう。また、大切には思ってくれても、悪行《あくぎょう》については許せない思いのはずだ。如来の思いも、まったく同じである)

とあります。

ここに示される「仏の知見」が見失われたために、現代人は、他人が見ていないところでは何をするかわからない人間になり、そのため防犯カメラが必需品となったように思います。単純に「昔はよかった」と言うつもりはありませんが、仏の知見を通した「悪人正機」の持つ価値の転換が、今こそ重要だと感じるゆえんです。

かまなくてもマムシは毒へビ

そのゆゑは、自力作善《じりきさぜん》のひとは、ひとへに他力《たりき》をたのむこころかけたるあひだ、弥陀《みだ》の本願《ほんがん》にあらず。しかれども、自力《じりき》のこころをひるがへして、他力《たりき》をたのみたてまつれば、真実報土《しんじつほうど》の往《おう》生《じょう》をとぐるなり。（註釈版八三三～八三四頁、聖典六二七頁）

第一段落で示されていた内容は、「善人なほもつて往生をとぐ。いはんや悪人をや。（善人でさえ往生できるのです。まして悪人はいうまでもありません）」という主文に集約されていますが、善人こそが往生できるという世間一般の考え方は、「本願他力の意趣《いしゅ》にそむけり（本願他力のお心にかなっていない）」とされていて、その理由を示すのが、この段落です。

「悪人」より「善人」のほうが救われるのならわかるけれど、どうして「悪人」のほうが救われるのか。どう考えても納得できないという方もおられるかもしれません。そこで、そもそも「善人」や「悪人」とは、それぞれどういう意味なのかを、まず整理してみましょう。

みなさんだったら、どう定義しますか。たとえば、悪いことばかりして善《よ》いことをしないのが「悪人」で、悪いことをせず善い行いをするのが「善人」、といったところではないでしょうか。ところが、そう単純ではないのです。

『歎異抄』の第十三条には、

「さるべき業縁《ごうえん》のもよほさば、いかなるふるまひもすべし」とこそ、聖人は仰せ候ひしに、（註釈版八四四頁、聖典六三四頁）

とあり、縁にふれたら何をするかわからないのが私たちで、悪いことをしなかったとしても、それは、その人が善人だからではなく、悪事を行う縁にふれずに済んだということです。

私の地元広島では、二〇一四年の八月二十日、突然の集中豪雨によって土石流が起こり、七十人以上もの多くの人が亡くなられました。その地域は、山の斜面を切り拓いて宅地を造成したところが多く、当日は、山の南東側斜面に向かって、南から湿った暖かい風が吹きつけ、急激な上昇気流によって積乱雲が発生し、それが大量の雨を一気に降らせました。さらに、その積乱雲が風に乗って北東側に移動した後も、同じように南東側斜面に湿った暖かい風が吹きつけて積乱雲を発生させ、また大量の雨が降ります。これが次々と繰り返され、同じ場所に、局所的に豪雨が集中したのです。気象庁は、「バックビルディング現象」と言っていましたが、これは、気象条件さえ整えば、広島だけでなく、どこでも起こりうる自然現象です。

親鸞聖人の『高僧和讃』に、

濁世《じょくせ》の起悪造罪《きあくぞうざい》は
暴風駛雨《ぼうふうしう》にことならず　（註釈版五八八頁、聖典四九四頁）

という言葉があります。五濁悪世《ごじょくあくせ》のこの世界において、悪や罪を造ることは、「暴風駛雨にことならず」。条件さえ揃えば暴風雨が発生する自然現象と同じように、条件次第では人がどんな悪事をはたらくかわからないのが、この五濁の世界です。

覚如《かくにょ》上人は、『拾遺古徳伝《しゅういことくでん》』の中で、極悪人として有名な耳四郎《みみしろう》のエピソードを記された後、

今時《こんじ》の道俗《どうぞく》、たれのともがらかこれにかはるところあらんや　（聖典全書四・一六五頁）
（今の時代は、出家の者も在家の者も、みな耳四郎と変わらない）

と述べられています。「耳四郎と同じだ」と言われると、「私は、あんな極悪人ではない」と言いたくなるかもしれませんが、覚如上人は、これに続けて、

つくるもつくらざるも、みな罪体《ざいたい》なり。おもふもおもはざるも、ことごとく妄念《もうねん》なり。（聖典全書四・一六六頁）

（造る造らないに関係なく、みな本質的には罪深い存在なのであり、思う思わないに関係なく、みな妄念を抱く身なのである）

と述べておられます。

マムシやハブは、かんだから毒蛇《どくへび》なのではありません。かもうがかむまいが、マムシは毒蛇です。「悪いことをしたのが悪人」という単純な話ではありません。縁にふれたら何をするかわからない同じものを、みな持っているのです。「一切善悪凡夫人《ぼんぶにん》」とあるように、「善人」も「悪人」も、ともに「凡夫《ぼんぶ》」です。

このことを忘れて、「自分は善人だ」と思っている人は、自らの善を誇り、たよりにしているために、阿弥陀仏の本願を軽視してしまっていることになります。それが、「自力作善《さぜん》のひとは、ひとへに他力をたのむこころかけたるあひだ」といわれるところで、だから、「本願他力の意趣《いしゅ》にそむく」ことになるのです。

「悪人」が「因」ではない

煩悩具足《ぼんのうぐそく》のわれらは、いづれの行《ぎょう》にても生死《しょうじ》をはなるることあるべからざるを、あはれみたまひて願《がん》をおこしたまふ本意《ほんい》、悪人成仏《あくにんじょうぶつ》のためなれば、他力《たりき》をたのみたてまつる悪人《あくにん》、もっとも往生《おうじょう》の正因《しょういん》なり。よつて善人《ぜんにん》だにこそ往生《おうじょう》すれ、まして悪人《あくにん》はと、仰《おお》せ候《そうら》ひき。

（註釈版八三四頁、聖典六二七～六二八頁）

第三条の内容は、冒頭の主文、「善人なほもつて往生をとぐ。いはんや悪人をや」だけなら、「悪人正機《しょうき》」の法義が示されているように見えても、第三条全体から見ると、そうともいえないと申しました。

それが端的にあらわれているのが、この段落中の「もつとも往生の正因《しょういん》なり」です。「悪人正機」とは、阿弥陀仏の救いの目当ては誰なのか、という対象（「機《き》」）を問題とした表現ですが、ここでは、往生の因《いん》としての「正因」が論じられているからです。第二段落（本書三八頁）でも、「善人」は、自らの善をたよりにし、そのため弥陀の本願におまかせする心が欠けているという、往生の「因」を論じる視点が示されていましたが、それが明確に述べられるのが、この段落、すなわち「往生の正因なり」の文《もん》です。

「機」と「因」とを、なぜ区別する必要があるのでしょう。それは、次のような迷路に入る可能性があるからです。阿弥陀仏の救いの目当ては「十方衆生《じっぽうしゅじょう》」と誓われているのに、なぜ迷っている者が存在するのかという迷路です。少し考えてみてください。

「悪人正因説」という学説を聞かれたことがありますか。歴史学の分野（思想史）でいわれ始めた造語ですが、次のような経緯があります。

戦後、日本仏教史研究は、井上光貞《みつさだ》氏や家永《いえなが》三郎氏らによって、浄土教をはじめとする鎌倉仏教研究が活況を呈《てい》し、自《おの》ずと親鸞聖人にも多くの注目が集まりました。そういう中で家永三郎氏が、親鸞聖人の「悪人正機説」について、「日本浄土教の伝統的思潮であるとともに、親鸞聖人独自の境地である」と論じました。当時、「そういうものだろうな」と漠然と受け止められていましたが、重松明久《しげまつあきひさ》氏は、根本的疑念を投げかけます。「伝統的思潮と独自の境地とは矛盾する」というのです。「独自の境地」には、「独自の用語」が必要で、それは、「悪人正因」だと主張されました。その根拠になったのが、この『歎異抄』第三条で、「他力をたのみたてまつる悪人、もっとも往生の正因なり」の文を短縮したわけです。近年でも、平雅行《たいらまさゆき》氏が、この「悪人正因説」を強調されています。

私は、学生時代（大学と大学院）は歴史学徒で、重松先生にも、平先生にも、とてもお世話になりました。しかし、この学説だけは賛成できず、かつて批判の論考も書きました。重松先生は、すでにご逝去されていましたが、平先生からは、長文の反論の手紙をいただきました。それでもなお、私は「悪人正因」説を認められず、再び持論を述べようと思います。

研究史上、充分《じゅうぶん》な理由がある（家永説の矛盾）ことは認めますが、『歎異抄』第三条の文をもって、

「悪人正因」と称するのは無理があると考えます（重松先生自身も「仮説」としておられました）。

「悪人」が「正因」では、カテゴリーが合わないのです。さきほど、「機」と「因」との区別を述べたのは、そういうことです。

「機」は、「目当て」、「対象」のことだと申しました。たとえば、何かの懸賞《けんしょう》で、参加対象を、「男性」とか「女性」とか、あるいは、年齢を「四十歳以上」とするとか「二十歳未満」とするとか、これが対象です。一方、「因」とは、「要因」のこと。必要な要件のことで、たとえば、参加対象が「四十歳以上男性」であったとしても、応募しなければ、懸賞には当たりません。この場合、「応募」が「因」になります。

つまり、「人」が「因」というのは、明らかなカテゴリーミステイクなのです。「因」ならば、「悪《あく》業正因《ごうしょういん》」とか「造悪正因《ぞうあくしょういん》」とか、「業因《ごういん》」の次元で表現せねばなりません。この意味だとしたら、親鸞聖人は、御消息《ごしょうそく》の中で、いわゆる造悪無碍《ぞうあくむげ》（どんな悪いことをしても、往生の邪魔《じゃま》にならない）を批判しておられるので、「悪人正因」説は成立しえないのです。

平先生も、おそらく、この点は気づいていて、そのため、親鸞聖人が御消息に示される造悪無碍の批判を、「晩年の躓《つまず》き」と、晩年の後退現象として処理されたのだと推測します。なぜ「晩年」とされたのか。御消息が晩年の日付だからかと思いますが、だったら、この『歎異抄』も晩年の語録です。

そして、それ以上に、親鸞聖人の造悪無碍批判は、他力の本質に関《かか》わる問題だからです。造悪無碍という考え方だけでなく、賢善精進《けんぜんしょうじん》（やはり善《よ》い行《おこな》いに努めなければならない）の考えも同様に批判されます。単純に道徳的なレベルだけなら、「賢善精進」は褒《ほ》められてよいはずですが、親鸞聖人においては、どちらも認められないのです。「わざと悪いことをする」のも、「善い行いでなければと自分で決める」のも、「わざと」や「自分で決める」のように、自分が先に立つから、つまり自力になるから、他力の本質上認められないのです。他力の本質に関わることなので、晩年だけの後退現象のはずはありません。法然《ほうねん》聖人の下《もと》に入門され、

雑行《ぞうぎょう》を棄《す》てて本願《ほんがん》に帰《き》す

身《み》となられて以降、終生一貫した法義です。

（「後序」註釈版四七二頁、聖典三九九頁）

そして、この文は、その他力に関わっているのです。

親鸞聖人の著作は実にたくさんありますが、その用例を丁寧に見ると、「正因」の語は、すべて「信心」として述べられています。「名号《みょうごう》」でさえ、「正因」とはいわず「正定業《しょうじょうごう》」と記されます（「本願名号正定業《ほんがんみょうごうしょうじょうごう》」）。そうすると、ますます、「正因」を「悪人」で語ることはできませんし、この『歎異抄』の文中には、「他力をたのみたてまつる」という、「信心」に相当する語があるのですから、この文も、「信心正因《しんじんしょういん》」を明かされたお言葉だと見なければならないはずです。

法然聖人の言葉とも考えられる

最後に、「〜と、仰《おお》せ候《そうら》ひき」とある結びの語について、少し考えてみます。「師訓篇《しくんへん》」と呼ばれる

親鸞聖人の語録部分において、この第三条と第十条以外は、すべて、「〜と云々《うんぬん》」で結ばれているのに、どうしてでしょうか。

一つの理解としては、「悪人正機は、親鸞聖人だけでなく、すでに法然聖人にもあった」と見る説があります。『醍醐本法然上人伝記《だいごぼんほうねんしょうにんでんき》』に、「善人尚以《なおもっ》て往生す。況《いわ》んや悪人をや」という文があるからですが、ただ、この『醍醐本』は成立年代が下がるため信頼性に問題があり、現状では確実に実証されていません。それでも、法然聖人にも「悪人正機」の思想がある可能性の一つとして、最後の「善人だにこそ往生すれ、まして悪人は」は、法然聖人の言葉を親鸞聖人が紹介する形で「仰《おお》せ候《そうら》ひき」との尊敬語で結び、親鸞聖人の言葉としての「云々」と区別した文末表現となったという理解もできます。別の写本では、「仰せ候ひきと云々」という文末表現となっているものもあり、これだと「(法然聖人が) 仰せ候ひき」を、親鸞聖人がおっしゃった (「云々」) と読むことができます。

冒頭の一文「善人なほもつて往生をとぐ。いはんや悪人をや」と比べると、この冒頭の文は「往生をとぐ」とあるのに、最後の文は、「往生すれ」と、微妙《びみょう》に異なっています。冒頭の「往生をとぐ」は、第二十願を「果遂《かすい》の願」と見て、自力の者ではあっても、弥陀の大悲によって、いずれは往生を遂《と》げることができると考えられた親鸞聖人の言葉であって、最後の文は、方便「果遂の願」の見方をされなかった法然聖人の言葉と考えられるかもしれません。

同じく「仰せ候ひき」とある第十条には明確に法然聖人の言葉があることからすれば、ここも法然聖人の扱いかもしれません。

第四条

第四条　本文

慈悲《じひ》に聖道《しょうどう》・浄土《じょうど》のかはりめあり。聖道《しょうどう》の慈悲《じひ》といふは、ものをあはれみ、かなしみ、はぐくむなり。しかれども、おもふがごとくたすけとぐること、きはめてありがたし。浄土《じょうど》の慈悲《じひ》といふは、念仏《ねんぶつ》して、いそぎ仏《ぶつ》に成《な》りて、大慈大悲心《だいじだいひしん》をもつて、おもふがごとく衆生《しゅじょう》を利益《りやく》するをいふべきなり。今生《こんじょう》に、いかにいとほし不便《ふびん》とおもふとも、存知《ぞんじ》のごとくたすけがたければ、この慈悲《じひ》始《し》終《じゅう》なし。しかれば、念仏申《ねんぶつもう》すのみぞ、すゑとほりたる大慈悲心《だいじひしん》にて候《そうろ》ふべきと云々《うんぬん》。

（註釈版八三四頁、聖典六二八頁）

私　訳

慈悲には、この世でさとりをひらこうとする聖道門《しょうどうもん》と、浄土でのさとりを求める浄土門とでは、違いがあります。

聖道門《しょうどうもん》の慈悲とは、あらゆる衆生《しゅじょう》に思いを寄せ、ともに悲しみ、いとおしみ、やさしく育《はぐく》むことですが、思い通りに救い遂《と》げることは、きわめて困難です。

浄土門の慈悲とは、念仏して、浄土に往生し、そこで速《すみ》やかに仏となって、仏の大いなる慈悲の心を通して、思いのまま、自由自在に、衆生を救うことをいうのです。

この世の中では、どんなに気の毒だ、かわいそうだと思っても、思い通りに救うことはできません。そのため、聖道門《しょうどうもん》の慈悲では、最後まで完結することはできないのです。

だからこそ、念仏だけが、最後まで徹底した、大いなる慈悲の心だと仰《おお》せになったのです。

仏教で最も大切な〝慈悲〟

大乗・小乗《しょうじょう》（近年は「小乗」という呼び方は、あまり用いず、「上座部系《じょうざぶ》」とか「南伝系《なんでん》」などと称しますが）の別を問わず、自利《じり》・利他《りた》二行《にぎょう》のいずれにおいても、「慈悲」は、仏教として最も大切な徳目《とくもく》です。もちろん「智慧《ちえ》」も大切ですが、「智慧（厳密には「智慧」の中でも「後得智《ごとくち》」です）」と「慈悲」は、不可分です。「智慧」を離れた「慈悲」はなく、「智慧」は必ず「慈悲」に展開するからです。このことは、「智慧」と「知識」の違いを考えていただくと、わかりやすいでしょう。

あるお母さんが、二歳か三歳くらいの子どもを連れてデパートへ買い物に行きました。そこで、たまたま中学の同級生に出会い、懐かしさに話し込んでしまいました。退屈した子どもは、しばらくお母さんの周りをうろうろしていましたが、徐々に距離が離れていきます。階段の降り口付近にまで差しかかり、周囲のお客さんは「危ないなあ」と感じていました。これは、「認識」であり、「知識」です。そして、子どもが近くにいないことに気づいたお母さんが周囲を見渡すと、今にも階段から転び落ちそうなわが子が目に入りました。「危ないっ！」と声をかけると同時に、その子に飛び込んで行きます。これが「慈悲」に展開する「智慧」というものです。

迷いの底に沈み込む私たち衆生《しゅじょう》を、「ほうっておけない」と飛び込んでくださったのが、阿弥陀仏の「智慧」と「慈悲」でした。

そして、この「慈悲」は、仏教の大きな特色でもあります。最近は「浄土」でなく、もっぱら「天国」という語が使われ、「慈悲」よりも「愛」が語られ、キリスト教の用語ばかりが、もてはやされているように感じますが、「慈悲」と「愛」とは、大きく異なります。仏教でいう「愛」とは、「愛着」などの熟語があるように、「執着《しゅうじゃく》」という迷い心の一つです。

親鸞聖人の『正像末和讃』に、

無明煩悩《むみょうぼんのう》しげくして　塵数《じんじゅ》のごとく遍満《へんまん》す
愛憎違順《あいぞういじゅん》することは　高峰岳山《こうぶがくざん》にことならず
（註釈版六〇一頁、聖典五〇一頁）

と詠《よ》まれています。

「愛」には、「憎しみ」という裏返しがあるのです。どちらも、自分中心という「無明煩悩」が本質で、自分に都合がよいものには「愛着」を感じますが、自分に都合が悪くなると「憎悪《ぞうお》」に様変わりします。あれほど愛していたはずの男性が、裏切って浮気でもすると、愛は、いっぺんに憎しみに変わります。「愛着」が強いと、それだけ「憎しみ」も強いものです。芸能人などのゴシップは、面白がってテレビのワイドショーを喜んで見ていますが、それが身内のこととなると、許せないものです。「愛」の絶対値が高いほど、「憎しみ」の絶対値も高くなります。まさしく「高い峰」のように膨《ふく》れ上がるのです。「愛」と「憎しみ」とは、方向が違うだけで、その本質は、無明煩悩が膨れ上がったものなのです。自分に都合のいいプラスに振れたら「愛」といい、マイナスに振れたら「憎悪」となるだけです。

このように、「愛」には、「憎しみ」という反対概念が必ず付いてきますが、「慈悲」には、そういう裏返しの概念はありません。「慈悲」の反対は「無慈悲」でしょう。これは、「慈悲」があるかないかという問題です。マイナスに振れる概念はなく、プラスかゼロかです。これが、「愛」と「慈悲」との決定的に異なるところだと思います。

道綽禅師が聖浄二門に大別

「慈悲」は、概念としては、すべての仏教に共通していますが、内容的には、「聖道門」と「浄土門」とでは異なり、それが、「聖道・浄土のかはりめ」といわれるところです。

大乗仏教を、「聖道門」と「浄土門」との二つに大別したのは、道綽禅師《どうしゃくぜんじ》です。

道綽禅師のご誕生は、西暦五六二年とされています。「正像末《しょうぞうまつ》」の三時《さんじ》思想をご存じでしょうか。いわば、仏教の歴史観です。釈尊が入滅《にゅうめつ》なさって、しばらくの間は、教えが正しく遺《のこ》り、それを忠実に行《ぎょう》ずる者がいて、さとりをひらくことができるという、「教《きょう》・行《ぎょう》・証《しょう》」の三法《さんぽう》がまどかに具《そな》わっている時代、これを「正法《しょうぼう》」といい、千年または五百年とされています。この「正法」の後、教えは遺り、それを行ずる者もいるが、必ずしもさとりへと至らない時代、これを「像法《ぞうぼう》」といい、千年間あります。「像」とは、似《に》てはいるけれども、そのものではないということです。この「像法」の後、教えは遺っても、行ずる者がなく、必然的にさとりには至らない、こういう時代を「末法《まっぽう》」といい、これが一万年続くとされ、この「末法」の後は、教えさえ遺らない「法滅《ほうめつ》」の時代がやってきます。

　こういう歴史観がありましたから、人々にとっては、いま自分がいるのはどの時代なのかが、大問題でした。自分がさとりを得ることができるかどうかに関わるからです。

　先ほど、「正法」の時代が千年または五百年と言いましたが、それによって、「末法」元年がいつからかが、五百年違うことになります。

　中国では、「正法」五百年説だったようで、それで換算すると、「末法」元年は西暦五五二年とされています。日本では、一般に「正法」千年説だったようで（ちなみに親鸞聖人には両方の説示が見られます）、それだと一〇五二年が「末法」元年となります。平安時代の終わりごろ、藤原氏が一族の栄華《えいが》栄耀《えいよう》を願って、宇治の平等院などを造営したのは、「末法」を意識したからと考えられています。

　中国では「末法」元年を五五二年としていましたから、五六二年にお生まれになった道綽禅師は、「今は、すでに末法」との思いが強かったはずです。だからこそ、「末法の世においては、聖道門では

救われない」との意識を強く持たれ、

像末法滅同悲引《ぞうまつほうめつどうひいん》（像末・法滅同じく悲引す）

（像法も末法も、そして法滅の時代においてさえも、等しく救われていく）

（「正信偈」註釈版二〇六頁、聖典二〇六頁）

という念仏の教え、すなわち「浄土門」こそが、末法にふさわしい教えだと明らかにしてくださったのです。

唯明《ゆいみょう》浄土《じょうど》可通入《かつうにゅう》（ただ浄土の通入すべきことを明かす）（「正信偈」註釈版二〇六頁、聖典二〇六頁）

私たちは、このような、末法や法滅の時代においてさえ救われる念仏の教えに遇《あ》えたことを、心から尊く思うのですが、その一方で、一抹の不安も感じないわけではありません。

釈尊が誕生なさった、仏教の母国であるインドでも、だいたい千五百年後くらいには仏教は衰退《すいたい》し、今やインドは仏教国ではありません（ヒンズー教が中心です）。中国でも、インドから仏教が伝来して千五百年経ったころには、やはり仏教は衰退し、今は共産主義国家です。そう考えると、日本に仏教が伝来した五三八年から、もう間もなくで千五百年が経とうとしている（二〇三八年）ことに愕然《がくぜん》とします。過去のインドや中国を見ても、そして現在の日本においても、物質的な便利と快適にふけり、「生死出《しょうじい》づべき道」が課題にならず、「今の自分さえよければいい」というような社会風潮を見るにつけ、「正像末」の三時思想は、やはり当たっているような気がしてなりません。

しかし、時代や社会はどうあれ、今の私が救われていくべき道は、「像末法滅《ぞうまつほうめつ》」の時代に至っても、いやむしろ「像末法滅」の時代こそ、ますます輝きを増す、お念仏しかないとの思いもまた、あらためて再認識するところです。

私たち凡夫には不可能な慈悲

聖道《しょうどう》の慈悲《じひ》といふは、ものをあはれみ、かなしみ、はぐくむなり。しかれども、おもふがごとくたすけとぐること、きはめてありがたし。（註釈版聖典八三四頁、聖典六二八頁）

道綽禅師《どうしゃくぜんじ》は、もともとは『涅槃経《ねはんぎょう》』という経典に詳しい方でした。道綽禅師の徳を讃《たた》えた親鸞聖人の和讃には、「涅槃《ねはん》の広業《こうごう》さしおきて」（註釈版五八八頁、聖典四九四頁）とあります。この『涅槃経』の中心命題は、「一切衆生悉有仏性《いっさいしゅじょうしつうぶっしょう》（一切の衆生には、ことごとく仏性あり）」です。道綽禅師は、「一切衆生悉有仏性」なら、なぜ、いまだに迷い続けるものがいるのかという疑問を抱かれ、その答えを、聖道門と浄土門の区別として見出されたのです。

聖道門も浄土門も、どちらも「門」ですから、正しい入り口です。塀を乗り越えて入ってくる人は不法な泥棒ですが、門をくぐって入る人は、合法的なお客です。

聖道門も、さとりに至る正しい入り口には違いないのですが、門の広さが全然違うのです。浄土門は、「広開《こうかい》浄土門」（「帰三宝偈《きさんぼうげ》」）といわれるように、「十方衆生《じっぽうしゅじょう》」を受け入れるべく、広々と、フルオープンに全開しています。これに対し、聖道門は、門が狭いのです。「こういう人は通ってはいけません」という但し書きが多いのです。

命を奪う者は、通ってはいけません。

盗みをする者は、通ってはいけません。

淫《みだ》らな行為をする者は、通ってはいけません。

嘘《うそ》をつく者は、通ってはいけません。

酒を飲むような者は、通ってはいけません。

主なものだけでも五つあって、これを細かく分ければ二百五十も五百もになり、除外項目が、あまりにも多いのです。これでは、通れる人は、ごくわずかになってしまいます。

このような聖道門ですから、「慈悲」のあり方も、困難をきわめます。『歎異抄』では、「ものをあはれみ（あらゆる衆生に思いを寄せ）、かなしみ（ともに悲しみ）、はぐくむ（いとおしみ、やさしく育む）」とあるように、私たちは、自分中心の思いから離れられないので、あらゆる衆生に、等しく思いを寄せることは困難で、同じように悲しむことも困難です。

『維摩経《ゆいまぎょう》』に、「衆生病《しゅじょうや》むがゆえに、菩薩病《ぼさつや》む」との言葉があります。衆生の苦しみ悲しみを、自らも同じように苦しみ悲しむのが仏や菩薩の慈悲心で、これが、キリスト教の神との大きな違いでもあります（キリスト教の神は、全知全能の神ですから、「病む」ことはありえません）が、このような、共に悲しむ慈悲の心は、私たち煩悩具足《ぐそく》の凡夫《ぼんぶ》においては、ほとんど不可能といえます。

生身の人間は、自分の頬《ほお》をつねったら痛いけれど、他人の頬をつねっても痛くはありません。テレビのニュースなどで、火事や自然災害などの画面を見ても、「気の毒に」、「かわいそうに」とは思っても、同じ悲しみを抱くことはできません。わずかばかりの思いを寄せるのが精いっぱいです。台風が直撃しそうだとの予報だったのが、進路がそれてよそへ行ってくれたら、「よかった」と思いますが、それたために直撃した別の地域のことに、はたしてどれだけ思いを寄せているだろうか。自問するたび、空恐《そら》ろしいものがあります。

釈尊の前生譚《ぜんしょうたん》（前世の時の逸話）に、「捨身飼虎《しゃしんしこ》」の有名な話があります。ある時、谷底を見下ろすと、谷底に虎の親子が落ちていました。谷底ですから食べるものが何もなく、飢餓の極限状態に至り、親の虎が、とうとう子の虎を食べようとしていました。その様子をご覧になった前世の釈尊は、谷底に身を投げ出され、虎の餌《えさ》になったというエピソードです。この「捨身飼虎」は、法隆寺の玉虫厨子《ずし》の図柄として有名ですが、私たちが真似できる話ではありません。私たちは、我が身かわいさに、自分の親や子を殺そうとする虎の姿でしかありません。

仏教でいう「慈悲」とは、たとえば、海に二人が投げ出され、浮き輪が一つしかなかった時に、浮き輪から手を放すのが「慈悲心」だとされています。その状態に至ったら、私には、とてもできないと思います。デパートで火災が発生したら、みな、われ先に人を押しのけて脱出しようと、パニックになります。

〝何とかしたい〟という思い

親鸞聖人が、『正像末和讃』の中で、ご自身を振り返られ、

小慈小悲《しょうじしょうひ》もなき身《み》にて　有情利益《うじょうりやく》はおもふまじ

（註釈版六一七頁、聖典五〇九頁）

（この私は、大慈大悲は言うまでもなく、小慈小悲さえ、また、慈悲のかけらさえない。そういう身において、すべての人々を救おうなどという大それたことは、もはや思うまい）

と詠《よ》まれています。これは、「聖道の慈悲など、とてもできない。凡夫にできることには限界があり、たかが知れている」という悲痛な叫びです。しかし、「たかが知れている」といっても、やけっぱちやニヒリズム（虚無主義）で言われたのではありません。

この和讃が書かれた、親鸞聖人八十五歳は、「善鸞《ぜんらん》事件」の翌年に当たります。息子善鸞一人さえ救えなかった自分が、すべての人々を救おうなんて、そんな大それた有情利益など思いもよらないという、自己懺悔にも似た悲嘆の叫びのように思えてなりません。実子善鸞の義絶に至った「善鸞事件」の結末が、こんなにも親鸞聖人のお心を傷めていたのかと、悲痛さに言葉を失います。「どうせ凡夫なんだから」と、凡夫を口実に何もしないで済ませようとするニヒリズムの言葉とは、次元が違います。

「おもふがごとくたすけとぐること、きはめてありがたし」。私たちは、この言葉を口実に、社会の

さまざまな課題に対する真摯な努力を、「自力」や「偽善」などと貶《おとし》めてこなかったでしょうか。「思い通りに救うことは、きわめて困難だ」との、この言葉は、「何とかしたい」という思いから生まれた悲嘆なのであり、何もせずにやりすごそうとする、怠《なま》け者の言い訳ではないのです。自分に救う力がないからといって、阿弥陀仏の慈悲に、わざと背《そむ》くことはけっして許されません。

凡夫にあぐらをかいて何もしないのが「他力」ではありません。阿弥陀仏の本願力を身に受けて、その他力のエネルギーにより、状況や自己の能力に応じて精いっぱいに努めるのが、他力念仏者の生き方です。

蓮如上人のお言葉（『蓮如上人《れんにょしょうにん》御《ご》一代《いちだい》記聞書《ききがき》』）に、

弥陀《みだ》をたのめば南無阿弥陀仏《なもあみだぶつ》の主《ぬし》に成《な》るなり。（註釈版一三〇九頁、聖典九〇〇頁）

とあります。私たちの不実な欲望に支配された心を主とするのでなく、南無阿弥陀仏を主とした生き方をしていきたいものです。

真宗ならではの「還相回向」

浄土《じょうど》の慈悲《じひ》といふは、念仏《ねんぶつ》して、いそぎ仏《ぶつ》に成《な》りて、大慈大悲心《だいじだいひしん》をもつて、おもふがごとく衆《しゅ》生《じょう》を利益《りやく》するをいふべきなり。今生《こんじょう》に、いかにいとほし不便《ふびん》とおもふとも、存知《ぞんじ》のごとくたすけがたければ、この慈悲始終《じひしじゅう》なし。しかれば、念仏申《ねんぶつもう》すのみぞ、すゑとほりたる大慈悲心《だいじひしん》にて候《そうろ》ふべきと云々《うんぬん》。

（註釈版八三四頁、聖典六二八頁）

前段の聖道門の慈悲に対し、ここでは浄土門の慈悲が説かれます。

「浄土の慈悲」とは、「念仏して、浄土に往生し、そこで速やかに仏となって、仏の大いなる慈悲の心を通して、思いのまま、自由自在に、衆生を救うこと」と明示してくださっています。

私は、四十八願《しじゅうはちがん》は阿弥陀仏の設計図だと考えています。設計図を見れば、どんな家が建つか、およその見当がつきます。ダイニングもキッチンも広いとか、お風呂も広くて気持ちよさそうだとか、あらかたわかるものです。阿弥陀仏は、五劫《ごこう》の間のご思惟《しゆい》と、兆載永劫《ちょうさいようごう》のご修行ですから、完璧な設計図通りの完成で、それを釈尊は、「本願成就《じょうじゅ》」と讃《たた》えられました。

その阿弥陀仏の四十八願は、古来、次の三つに分類されています。

①どんな仏になろうとされたか。（摂法身《しょうほっしん》）

②どんな浄土をつくろうとされたか。（摂浄土）

③どのようにして衆生を救おうとされたか。（摂衆生）

どれも大切な内容ですが、直接私たちに関わるのは、三番目の「どのようにして衆生を救おうとされたか」です。そして、この設計図を見れば、私が、どのような身になるかがわかるのです。

この視点で、曇鸞大師《どんらんだいし》が注目されたのが、「三願的証《さんがんてきしょう》」です。三願とは、第十八願・第十一願・第二十二願の三つで、これらがすべて、阿弥陀仏の他力によることを明かしてくださいました。

第十八願は、この世に住む、ありとあらゆる衆生（十方《じっぽう》衆生）を、信心喜ぶ身に育て（至心信楽《ししんしんぎょう》、欲生我国《よくしょうがこく》)、念仏申す身に育て(乃至十念《ないしじゅうねん》)、その者を必ず浄土に迎え取る(若不生者《にゃくふしょうじゃ》、不取正覚《ふしゅしょうがく》)という誓願《せいがん》でした。このことを『歎異抄』第十二条では、

本願《ほんがん》を信《しん》じ念仏《ねんぶつ》を申《もう》さば仏《ぶつ》に成《な》る。

(註釈版八三九頁、聖典六三一頁)

と述べられています。

そして、浄土に往生した者を、必ず仏にならせるのが、「必至滅度《ひっしめつど》の願」といわれる第十一願で、ここまでが「往相《おうそう》(浄土に往生する相状)」の内容です。

さらに、浄土に往生した者が、再び娑婆《しゃば》世界に戻って、縁ある人々を教化《きょうけ》する身となるのが、第二十二願、これが「還相回向《げんそうえこう》の願」と称され、「還相(還来穢国《らいえこく》の相状)」の内容です。

こんにちただいまの私たちは、今、この世界において、阿弥陀仏の設計図通りに、本願を信じ、念仏を申す身にならせていただきました。ですから、その先も設計図通りに必ず浄土に往生し、そこで仏となり、そして還相回向のはたらきをさせていただくのです。

明日の自分さえわからない私たちですが、阿弥陀仏の設計図を知らせていただいた身ですから、設計図通りの身になることだけは、明瞭にわからせていただきます。

そして、この往相と還相とが、ともに阿弥陀仏の他力回向によるというのが、浄土真宗の法義です。

「正信偈」には、

往還回向由他力《おうげんえこうゆたりき》(往還の回向《えこう》は他力による)

(註釈版二〇六頁、聖典二〇六頁)

と讃嘆《さんだん》され、『教行信証《きょうぎょうしんしょう》』の「教文類《きょうもんるい》」冒頭には、

つつしんで浄土真宗《じょうどしんしゅう》を案《あん》ずるに、二種《にしゅ》の回向《えこう》あり。一《ひと》つには往相《おうそう》、二《ふた》つには還相《げんそう》なり。

（註釈版一三五頁、聖典一五二頁）

とあり、この往還二回向こそが、真宗教義の綱格《こうかく》です。

ちなみに、法然《ほうねん》聖人にも還相回向の内容が見られるという説もありますが、「還相回向」と明示されたものはなく、内容的には、一般的にいわれる「応化身《おうげしん》」の内容と思えます。何より、この往還の二回向は曇鸞大師の『往生論註《ろんちゅう》』に示される法義ですが、法然聖人の書かれた『選択集《せんじゃくしゅう》』でのこの『往生論註』の引文は、冒頭の難易二道《なんいにどう》の文だけで、『往生論註』の中核をなす広略相入《こうりゃくそうにゅう》や二種法身《ほっしん》、そして今の往還二回向などの引用はありません。このようなことから、法然聖人には、往還二回向の内容は見られないと私は考えています。

余談の余談ですが、なぜ法然聖人には還相回向の宗義《しゅうぎ》がないかを考えてみると、法然聖人には、還相回向を実感できる方がいなかったからではないかと想像しています。当時、法義の相伝は、直接面授《めんじゅ》の師匠から相伝されるものでしたが、法然聖人は、

偏《ひとえ》に善導一師《ぜんどういっし》に依《よ》る。

（七祖篇一二八六頁、真聖全一・九九〇頁）

として、時代も場所も遠く離れた、中国は唐の時代の善導大師を唯一の師匠と見定められたのは、法然聖人にとって還相回向を実感できる方に、出あえなかったからではないかと思うのです。それに対して、親鸞聖人は、法然聖人という、まさに還相回向の具体相に出あわれたという違いがあると思うのです。

ともかくも、この還相回向こそは、浄土真宗ならではの、大きな特色です。

「還相の菩薩」と味わえる世界

たとえば、次のような場合を考えてみてください。

一歳にもならない赤ちゃんが亡くなったとします。この子は往生できるでしょうか。仏教は、基本的には他者の往生の可否を論じるものではなく、その上で考えていただきたいのですが、一歳にも満たない子どもだと、お寺で聴聞したこともないでしょうし、お念仏のいっぺんも称《とな》えたことはないでしょう。第十八願を額面通りに捉えると、信心獲得《ぎゃくとく》の上での称名《しょうみょう》相続には至っていないのですから、浄土宗などの論理では、往生できないことになるはずで、そのため追善供養が必要になるのです。

この場面を、浄土真宗では、どう受け止めることになるでしょうか。繰り返しますが、自己を問うのが仏教ですから、他者の評論はしないのを前提としてです。

私は、こう考えています。悲しいことではあるけれど、この子の死が縁となって、この子のおかげで、仏さまに手を合わせる身になれたと振り返ることができたとき、その子は、私にとって還相の菩薩だったかもしれないと味わえるのではないか。それが、浄土真宗ならではの尊い法義であり、自らに引き取った上で振り返ることのできた世界だと思うのです。

というのも、故桐渓順忍和上《きりたにじゅんにんわじょう》が、次のようなエピソードを書き記しておられるからです。桐渓和上の学生時代、仲の良い数人の友人とお酒をくみ交わしておられた時のこと。突然、ある友人が、別のある友人にこう言ったそうです。

「ま、なんだな。お互い、こうして仲良くさせてもらって幸せだけど、君だけは、ちょっと幸せじゃないな」

「どういうことだい」と、そう言われた友人が尋ねます。その友人のお父さんは、神道系の新興宗教の熱心な信者で、そのことは、その場のみんなが知っていて、「だって考えてもみろよ。僕らは、こうしてお念仏を喜ぶ仲間として、僕らも、そして僕らの家族も、みな浄土で会えるだろう。だけど君のお父さんは、神道《しんとう》の高天原《たかまがはら》に行くことになるので、親子別々じゃないか」と言うのです。

お酒の席の戯《ざ》れ言《ごと》で、ほとんど冗談のつもりだったのでしょうが、そう言われた友人は、「君は、本当に、そう思うのか」と真顔で詰問《きつもん》します。空気がいっぺんに凍りましたが、先の友人は「だって、そうだろう」と、同じ理屈を繰り返します。

ところが、言われた彼は、「僕は、そうは思わない」と言い、そして、

「確かに、父は神道系の新興宗教の熱心な信者だ。でも、僕を、こうやって龍谷大学に入れてくれ、そのおかげで君たちとも出会い、僕は念仏の教えに遇《あ》うことができた。僕にお念仏を届けてくれた父とは、やっぱりお浄土で会えると思う」

ときっぱり断言したそうです。

還相回向を味わうことのできる、浄土真宗ならではの尊い世界だと、新鮮な感動を覚えたことを思

い出します。

第五条

第五条　本文

親鸞《しんらん》は父母《ぶも》の孝養《きょうよう》のためとて、一返《いっぺん》にても念仏申《ねんぶつもう》したること、いまだ候《そうら》はず。そのゆゑは、一切《いっさい》の有情《うじょう》はみなもつて世々生々《せせしょうじょう》の父母《ぶも》・兄弟《きょうだい》なり。いづれもいづれも、この順次生《じゅんじしょう》に仏《ぶつ》に成《な》りてたすけ候《そうろ》ふべきなり。わがちからにてはげむ善《ぜん》にても候《そうら》はばこそ、念仏《ねんぶつ》を回向《えこう》して父母《ぶも》をもたすけ候《そうら》はめ。ただ自力《じりき》をすてて、いそぎ浄土《じょうど》のさとりをひらきなば、六道四生《ろくどうししょう》のあひだ、いづれの業苦《ごっく》にしづめりとも、神通方便《じんずうほうべん》をもつて、まづ有縁《うえん》を度《ど》すべきなりと云々《うんぬん》。

（註釈版八三四〜八三五頁、聖典六二八頁）

私　訳

この親鸞は、亡き父母が良いところに生まれるようにというような、追善供養《ついぜんくよう》のために念仏したことなど、一度もありません。

そのわけは、すべての命あるものは、これまで生まれ変わり死に変わりしてきた中で、どこかで、父母や兄弟だったのです。だからこそ、このたびの命を終え、浄土に往生して直《ただ》ちに仏となってからは、誰れ彼れを問わず、すべての者を救わなければなりません。つまり、自分の両親だけといった狭い世界ではないのです。

念仏が、自分の努力で励む善であるのなら、その称《とな》えた念仏の功徳を振り向けて、亡き両親を救うともいえるでしょうが、念仏は、そういうものではありません。

ただし、自らの力をたより自らを誇る心を捨てた他力の信心によって、速《すみ》やかに浄土で真実のさとりをひらいたなら、六道《ろくどう》や四生《ししょう》などの迷いの世界で、どんな苦しみに遭《あ》っていたとしても、自由自在な不可思議な力によって、まずは縁ある人を救うことができるのですと、仰《おお》せになりました。

親鸞聖人は両親に冷たいのか

親鸞は父母《ぶも》の孝養《きょうよう》のためとて、一返《いっぺん》にても念仏申したること、いまだ候《そうら》はず。

この冒頭の一文は、見る人によっては、とても衝撃的に映るでしょう。念仏の法義について、あまりよく知らない人が読むと、「親鸞聖人は、なんて親不孝な人だ」と感じるかもしれません。

しかし、親鸞聖人は、けっして、そんな冷たい人ではありません。それには、理由があります。

聖徳太子についての和讃「皇太子聖徳奉讃」には、

救世観音大菩薩《くせかんのんだいぼさつ》　聖徳皇《しょうとくおう》と示現《じげん》して

多々《たた》のごとくすてずして　阿摩《あま》のごとくにそひたまふ

（註釈版六一五頁、聖典五〇七頁）

と詠《よ》まれていて、「多々《たた》」とは父のこと、「阿摩《あま》」とは母のことです。つまり、救世観音の生まれ変わりとされる聖徳太子のお徳を、両親の慈愛になぞらえておられるのです。

また、このほかにも、「皇太子聖徳奉讃」には、

大慈救世聖徳皇《だいじくせしょうとくおう》　父《ちち》のごとくにおはします

大悲救世観世音《だいひくせかんぜおん》　母《はは》のごとくにおはします

（註釈版六一六頁、聖典五〇八頁）

など、聖徳太子（＝救世観音）の大慈悲について、両親に思いを寄せて詠まれた和讃はいくつかあり、この二首だけではありません。ということは、親鸞聖人にとって、両親への思慕《しぼ》の思いは、とても大きなものであったことがわかります。親鸞聖人が、両親に対して冷たいということは、けっしてないのです。

親鸞聖人は、幼いころに、お母さんと死別されました。お父さんである日野有範《ありのり》の没年についてははっきりと確かなことがわかっていませんが、幼いころに目の前から突然姿を消されたようです。聖人は、九歳のときに比叡山《ひえいざん》に上《のぼ》られてから二十年、その間の学問・修行は、おそらく両親へ思いを寄せながらのものであったに違いなく、あるいは、両親への追善の思いさえあったかもしれません。

しかし、法然《ほうねん》聖人に出あい、他力念仏の教えに出あわれた親鸞聖人は、それまでの「両親の追善」という意識が、いかに無意味なものであり、いかに思い上がったものであったかを知らされたのです。

「両親のために念仏したことなど、ただの一度もない」

一見、冷酷に感じる言葉ですが、人一倍、両親への思いが強かった親鸞聖人をして、このように言わしめたのは何故《なにゆえ》かを考えなければなりません。第五条には、その意味が述べられています。「そのゆゑは」として理由が示されますが、大きく二つになります。

一つは救済対象の視点、二つ目は救済方法の視点です。

両親だけでなく、みんな兄弟

まず、救済対象について考えてみましょう。

一切の有情《うじょう》はみなもつて世々《せせ》生々《しょうじょう》の父母《ぶも》・兄弟なり。

の文ですが、少し補って私訳しましたように、「自分の両親だけといった狭い世界ではない」ということです。

「一切の有情」、つまり、生きとし生きるものは、いつの世か、あるいはどこかで、みな親子・兄弟だったと考えられるのです。そして「順次生《じゅんじしょう》」、今度生まれ変わって仏になったなら、一切の衆生を助ける身になるのですから、「自分の両親だけ」ということはないのです。

ところで、みなさんは、「五逆罪《ごぎゃくざい》」をご存じでしょうか。仏教では、特に重罪とされていますが、①父を殺す、②母を殺す、③阿羅漢《あらかん》を殺す、④仏身《ぶっしん》より血を出す、⑤僧の和合《わごう》を乱す、の五つです。

もう、何十年も前のことですが、日本の法律が大きく変わって、「尊属殺人罪」が廃止されました。

それ以前は、親を殺すことは殺人罪でも特に重罪とされていました。それが、「尊属殺人罪」です。しかし、憲法の「法の下《もと》の平等」に反するということで、違憲判断が下されました。仏教の「五逆罪」は、「法の下の平等」という近代法の概念に反する、古くさい考えなのでしょうか。私は、そうは思いません。

仏教の「五逆罪」は、客観的な概念ではないのです。客観的にいえば、仏教は「十方衆生」の立場ですから、親・兄弟を問わず、生きとし生きるもの、すべての命を平等に見るのが基本です。

この基本原則の上に立って、なぜ「五逆」を特に重罪としてきたのかを考えずに、単純に、仏教は「五逆」といって、命に区別や差別をしていると思うなら、大きな間違いです。「十方衆生」ですから、人間だけが尊いともいいません。西洋の文化は、人間だけが尊いという立場で、牛や豚は人間の食用として神が造った、という理屈です。牛や豚にとっては迷惑千万な話ですね。同じ哺乳動物だからといって、クジラやイルカは大事にしても、牛や豚や、鳥も魚も、神が造った食用の動物として、彼らを食すことに何の罪悪感も感じていません。そういう文化に基づいた近代法ですから、わざわざ「動物愛護法」が必要になるのです。これに対して仏教は、もともと、あらゆる命を平等に尊重します。

その上で、なぜ「五逆罪」がいわれたのか。それは、自分にとって一番大切な存在という視点をあらわしているからだと思うのです。自分のことを最も大切に思ってくれている存在に対して、かえって恩を仇《あだ》で返すような自己疎外の生き方は、最も愚かで痛ましい、と考えたからではないでしょうか。

父と母、両親は、この地球上で、自分を最も大切に思ってくれています。阿羅漢《あらかん》とは、私に教えを伝えてくれる大切な方といえるでしょう。仏身から血を出すとは、仏さまという最も大切な存在を傷つけることです。僧の和合とは、教えを喜ぶ仲間ですから、ご法義仲間のことです。このような、自分にとって一番大切な、そして自分のことを最も大切に思ってくれている存在に対して、それを裏切り、疎外するのは、いかに愚かで、もったいないことか。それが「五逆」の罪深さなのです。

しかし、客観的には、「十方衆生」は、みな等しく尊い存在ですから、両親だけ、あるいは近い身内だけといった、狭い世界ではありません。命のつながりの中にあって、いつの世か、あるいはどこかで、親・兄弟であったかもしれません。それが、「世々生々の父母・兄弟なり」ということです。

『蓮如上人《れんにょしょうにん》御一代記聞書《ごいちだいききがき》』の中に、次のようなエピソードが記されています。

蓮如上人が、弟子の法敬坊順誓《ほうきょうぼうじゅんせい》に、「法敬《ほうきょう》とわれとは兄弟よ」とおっしゃったそうです。法敬坊は、「とんでもない」と、ひたすら恐縮しましたが、

信をえつれば、さきに生《うま》るるものは兄、後《あと》に生《うま》るるものは弟よ。法敬とは兄弟よ
（註釈版一二三二頁、聖典九〇一頁）

と述べられ、

信心一致《いっち》のうへは四海《しかい》みな兄弟
（註釈版一二三二頁、聖典九〇一頁）

とおっしゃったと記されています。ここにも、やはり、同じ心がうかがえます。〝同じ親（阿弥陀さま）持つ兄弟同士〟なのです。

このように、「父母の孝養のための念仏ではない」という理由の一つは、救済対象の問題（「父母の

ため」）でした。

供養できる善など私にはない

親鸞聖人が、「親鸞は父母《ぶも》孝養《きょうよう》のためとて、一返《いっぺん》にても念仏申したること、いまだ候《そうら》はず」と述べられた理由について、一つは、救済対象として、自分の両親だけという狭い世界ではないという視点があり、そして二つ目の理由としては、救済の方法という視点があります。

「父母孝養」とは、「生きている間の親孝行」という意味のこともありますが、「念仏を回向《えこう》して父《ぶ》母《も》をもたすけ候《そうら》はめ」とあることから、ここでは、「亡き両親の追善供養」の意味だと思われます。

仏教で、「供養」は、仏の徳を讃《たた》える「讃嘆《さんだん》供養」としては、とても大事な行為です。仏の異名《いみょう》（別の呼び名）として、『無量寿経』には「十号《じゅうごう》」という十種の呼び名がありますが、その中に「応《おう》供《ぐ》」（註釈版一一頁、聖典一〇頁）とあり、「応供」とは、供養されるにふさわしいお方という意味です。親鸞聖人も和讃の中で、阿弥陀仏のことを「大応供《だいおうぐ》を帰命《きみょう》せよ」（註釈版五五八頁、聖典四七九頁）と讃嘆されていて、この意味における「供養」は、とても大切です。

「供養」には、もう一つ、「追善供養」の意味があり、『歎異抄』では、この意味を表すものとして否定されています。水子供養など、「浄土真宗では、供養はしない」といわれるときの「供養」は、「追善供養」のことです。

「追善供養」とは、亡き人が存命中に充分《じゅうぶん》な善を積めなかったため、後に残った遺族などが善行《ぜんぎょう》を積んで、その功徳を亡き人に回向（振り向ける）しようとすることです。このような「追善供養」がありえないとされるのは、私には供養できる善などないからで、私の迷い心で作り上げたものに、「善」と言いうるものは、何一つないからです。私の側に善がなければ、振り向ける善もあるはずはありません。振り向ける善もないのに「追善供養」などと言うのは、一銭の持ち合わせもないのに、「おごってあげる」と言っている人のようなものです。

そもそも、念仏は、「回向する（こちらから振り向ける）」ものではありません。法然《ほうねん》聖人は、念仏は「不回向《ふえこう》」の行《ぎょう》とされ、

別《べつ》に回向《えこう》を用《もち》ゐざれども自然《じねん》に往生《おうじょう》の業《ごう》となる。（七祖篇一一九七頁、真聖全一・九三七頁）

と述べられています。念仏は、本願によって選定された行業《ぎょうごう》であるから、回向の必要はないということです。さらにいえば、念仏は、阿弥陀仏からの「他力回向」なので、衆生の側からは「不回向」ともいえるでしょう。他力が百だから、衆生はゼロということです。阿弥陀仏から届けられたものを、また、こちらが振り向ける必要があるでしょうか。

ある年のお中元に、ある方から、缶ビールか何か日持ちのよい物が送られてきました。日持ちがいいからと思って、しばらく物置に置いたままにしていましたが、年末のお歳暮の時期になって、何かしなければと気がつき、物置を探してみると、まだ賞味期限内の缶ビールが箱のままありました。これがいいと思って、「お中元」の紙をはがして「お歳暮」と張り替えて渡しました。もらった側は覚

えてなくても、差し上げた側は、案外覚えているものです。「お歳暮」として受け取った時、これは、自分が夏に「お中元」として差し上げた物だとピンときます。差し上げた物を、こんな形で返してきたら、その人は、いい気分になるでしょうか。阿弥陀仏から届けられた他力回向の念仏を、私たち衆生が、もっともらしい顔をして「回向いたします」と返すのは、まさしくこのような状況と変わりません。だから、念仏は、「回向」の行ではないのです。

蓮如上人のお言葉、『蓮如上人御一代記聞書《れんにょしょうにんごいちだいききがき》』に、

他宗《たしゅう》には親《おや》のため、またなにのためなんどとて念仏《ねんぶつ》をつかふなり。聖人《しょうにん》（親鸞）の御一流《ごいちりゅう》には弥陀《みだ》をたのむが念仏《ねんぶつ》なり。

（註釈版一二八七頁、聖典八八七頁）

とあります。他宗では、親の追善供養のためとか、ご利益《りやく》のためとか何とか言って、念仏を手段として利用していることを厳しく批判されます。親鸞聖人の御一流では、念仏を手段として使うのではありません。「弥陀をたのむが念仏」とは、阿弥陀仏の慈悲のありったけが私に届いたところが、念仏だということなのです。

人一倍、両親への追慕の思いが強かった親鸞聖人をして、「父母の孝養のために念仏したことなど、ただの一度もない」と言わしめたのは、身近な人への情愛が自力の落とし穴になることを見抜いておられたからにほかなりません。

しかし、「ただ自力をすてて、いそぎ浄土のさとりをひらきなば（「追善供養」のような、念仏を手段として使う自力を捨て、他力念仏の行者《ぎょうじゃ》として、速やかに浄土に往生して、真実のさとりをひら

いたなら）」として、六道《ろくどう》や四生《ししょう》など、どんな苦しみに沈んでいても、「神通《じんずう》方便をもつて、まづ有縁を度すべき」身となることが示されています。

さとりの世界に安住しない

お葬式の弔辞《ちょうじ》などで、「安らかに、お眠りください」と言われることがあります。長い間、闘病生活を送られたり、故人の生前のさまざまな苦難を思い出すと、「安らかに」と願う心情も、もっともかもしれませんが、浄土に往生して、さとりをひらいた者は、安らかに眠っている暇《ひま》はありません。ありとあらゆる「神通方便」を駆使して、衆生済度《しゅじょうさいど》に邁進《まいしん》するのです。

七高僧のひとり天親《てんじん》菩薩のお兄さんである無著《むじゃく》菩薩が書かれた『摂《しょう》大乗論』という仏典には、「智慧あるがゆえに生死《しょうじ》に住せず。慈悲あるがゆえに涅槃《ねはん》に住せず」という言葉があります。智慧があるから生死という迷いには止《とど》まらないし、慈悲があるから涅槃というさとりに安住しないのです。

浄土に往生させていただいて、さとりをひらいたら、とてもいそがしくなるのです。安らかに眠っている暇はありません。安らかに眠れるのは、この世での、お説教の時くらいのものです。私がお説教に行った時、私の目の前で安心しきった表情で眠っている人を見たら、「お浄土に行かれたら、さぞいそがしくなるでしょう。休めるのは今しかないのかも」と思って、強いて起こさないようにしています。

浄土に往生したら、休んでいる暇はありません。しかも、それがうれしくて楽しくてしかたがないのです。そういう身にならせていただくのです。

「六道《ろくどう》」とは、地獄・餓鬼・畜生・修羅・人間・天上の六つで、これらはすべて迷いの世界です。これも、お葬式の弔辞などで、「天国のおじいちゃん」とか言いますが、仏教では、天国は迷いの世界です。たとえば、「有頂天」とは、何でも自分の思い通りになるから、さとりを求めようとしない世界です。

「四生《ししょう》」とは、胎《たい》・卵《らん》・湿《しつ》・化《け》の四つの生まれ方です。胎生《たいしょう》とは、人間など哺乳動物のように、母親のおなかから生まれる生き物で、卵生《らんしょう》とは、鳥や魚のように卵から生まれるもの。湿生《しっしょう》とは、カビやアメーバのようにジメジメと増えていくもの。化生《けしょう》とは、化けて生まれると書くように、とてもきれいとは思えないイモムシが美しい蝶になるようなあり方をいいます。

私たちが浄土に往生する時も「化生」といいます。お葬式の時に読ませていただく和讃に、

如来浄華《にょらいじょうけ》の聖衆《しょうじゅ》は
正覚《しょうがく》のはなより化生《けしょう》して
（『高僧和讃』註釈版五八〇頁、聖典四九〇～四九一頁）

とあります。しかし、ここでの「化生」は、迷いの生まれ方ではないので、四生の中の一つではありません。でも、凡夫《ぼんぶ》が仏になるということは、ある意味、「化けて生まれる」ほど不思議なことなのです。怪談話では、よく「化けて出るぞ～」などと言いますが、私のような悪凡夫が往生させていただく、ご法義の話も、「化けて生まれる」話を聞くのです。

亡き人に対して、「何かしてあげたい」との思いももっともですが、私たちの行う善は、結局は自分中心という執着の混じった「雑毒《ぞうどく》の善」にすぎません。「亡き人のために、してあげる」のではなく、「亡き人をご縁として、私が仏道を歩ませていただく」、それが亡き人による神通方便の賜物《たまもの》であり、そして私もそのような神通方便の身にならせていただくのです。

第六条

第六条　本文

専修念仏《せんじゅねんぶつ》のともがらの、わが弟子《でし》、ひとの弟子《でし》といふ相論《そうろん》の候《そうろ》ふらんこと、もつてのほかの子細《しさい》なり。親鸞《しんらん》は弟子《でし》一人《いちにん》ももたず候《そうろ》ふ。そのゆゑは、わがはからひにて、ひとに念仏《ねんぶつ》を申《もう》させ候《そうら》はばこそ、弟子《でし》にても候《そうら》はめ。弥陀《みだ》の御《おん》もよほしにあづかつて念仏申《ねんぶつもう》し候《そうろ》ふひとを、わが弟子《でし》と申《もう》すこと、きはめたる荒涼《こうりょう》のことなり。つくべき縁《えん》あればともなひ、はなるべき縁《えん》あればはなるることのあるをも、師《し》をそむきて、ひとにつれて念仏《ねんぶつ》すれば、往生《おうじょう》すべからざるものなりなんどいふこと、不可説《ふかせつ》なり。如来《にょらい》よりたまはりたる信心《しんじん》を、わがものがほに、とりかへさんと申《もう》すにや。かへすがへすもあるべからざることなり。自然《じねん》のことわりにあひかなはば、仏恩《ぶっとん》をもしり、また師《し》の恩《おん》をもしるべきなりと云々《うんぬん》。

（註釈版八三五頁、聖典六二八～六二九頁）

私　訳

専《もっぱ》ら他力念仏をお称《とな》えする法義仲間の内で、自分の弟子とか、他人《ひと》の弟子とかで言い争うとは、とんでもない話です。

この親鸞は、一人の弟子も持っておりません。

なぜかというと、私の力で、念仏へと導いたのなら、私の弟子と言ってもよいでしょうが、阿弥陀仏のお手回しによって念仏申す身になられた人を、自分の弟子などと言うのは、まったくもって、とんでもないことです。

付くも離れるも、それぞれの縁あってのことであるのに、「師に背《そむ》いて他の人にしたがって念仏するような者は往生できない」などと言っているとすれば、それはとんでもないことです。阿弥陀仏から頂戴《ちょうだい》した信心なのに、それを、まるで自分が与えたかのように、取り返そうとでもいうのでしょうか。けっして、あってはならないことです。

本願他力の道理に気づかせていただいたとき、自ずと仏の恩が理解され、そして、師の恩もわかるというものですと仰せになりました。

如来さまの弟子

「専修《せんじゅ》念仏のともがらの」と書き出されたところには、厳しいお叱《しか》りがこめられているように、私には感じられます。たとえば、もし仮に「念仏者の中において」という書き出しだったとしたら、何か違いを感じませんか。私だったら、次のように考えます。

「専修」とは、「雑修《ざっしゅ》」に対する言葉です。「雑修」とは、宗学《しゅうがく》の専門用語では、「助正兼行《じょしょうけんぎょう》」と説明しています。一番大事なこと（正定業《しょうじょうごう》）と、副次的なこと（助業《じょごう》）との区別がつかず、あれもこれもと、ごちゃ混ぜに行《おこな》っているのが「雑修」です。

ご本願に誓われた称名《しょうみょう》念仏こそが「正定業」であるのに、あれもこれもと雑多な行《ぎょう》に手を出しているのが、「雑修」です。

一途《いちず》な思いと行動ではなく、見境なく、誰も彼もに手を出す人を、「二股《ふたまた》・三股」、あるいは「浮気者」などといったりします。あれもこれもと、片っ端からいろいろな手を打って、どれかが当たるだろうというのを、「下手な鉄砲」といっています。

称名念仏一行《いちぎょう》は、本願に誓われ、阿弥陀仏が選び定められた仏の論理であるのに、「どれかが当たるだろう」とか、「一つのことよりも、たくさんやったほうが効果があるだろう」というような、私たち凡夫《ぼんぶ》の論理が混じるのを、「雑行雑修《ぞうぎょうざっしゅ》」、すなわち「自力」というのです。

これに対し、称名念仏一行という仏の論理に心がすわっている他力の念仏者を、「専修念仏」といいます。ここで、「専修念仏のともがらの」と呼びかけられていることには、「あなたたちは、他力の念仏者のはずではなかったのですか」という厳しいお諭《さと》しと、あるいは、いくばくかの失望も、こめられているように感じるのです。

他力念仏者のはずなのに、「わが弟子、ひとの弟子」という、いわば縄張り争いが行われていることを、「もってのほかの子細《しさい》（とんでもないこと）」と、最大級の叱責《しっせき》をしておられます。

あの人は自分の弟子だとか、他人の弟子だとか、自分にとって敵か味方かというような、自分の手《て》柄《がら》や都合によって選別するあり方は、自力の所業にほかなりません。「わが弟子」と言って、自分の占有物にしようというあり方も、自力の所業です。そんな争いをしていて、よく「専修念仏」と言えたものですね。そういう厳しいお叱りを感じるのです。

「親鸞は弟子一人《いちにん》ももたず候《そうろ》ふ」とは、お弟子たちを前にして、「君たちは、もはや私の弟子ではない」と言っておられるのではありません。「私の弟子」ではなく、「如来さまの弟子」だとおっしゃっているのです。

覚如《かくにょ》上人が書かれた『口伝鈔《くでんしょう》』第六条にも、『歎異抄』と同じような内容が見られます。そこに記された親鸞聖人のお言葉には、

親鸞《しんらん》は弟子《でし》一人《いちにん》ももたず、なにごとををしへて弟子《でし》といふべきぞや。みな如来《にょらい》の御弟子《おんでし》なれば、みなともに同行《どうぎょう》なり。念仏往生《ねんぶつおうじょう》の信心《しんじん》をうることは、釈迦《しゃか》・弥陀《みだ》二尊《にそん》の御方便《ごほうべん》として発起《ほっき》すとみえたれば、まつたく親鸞《しんらん》が授《さず》けたるにあらず。

（註釈版八八一頁、聖典六五五頁）

とあります。阿弥陀仏や釈尊のお手回しによって念仏者になった人を、自分の手柄によって念仏者にしてあげたかのように、自分の弟子だと称することなどできないということです。仏のおはたらきを、自分の手柄に取り替えるのは、自力の極みです。そんな厚かましい話はありません。

卒業論文でも修士論文でも、あるいは学会雑誌でも、学術論文の審査には、かなりの日数を必要とします。それは、審査の先生方が忙しいからだけではありません。審査の立場にある人なら、この論文が良いか悪いかは、数日もあればわかるものです。それなのに審査期間を一定以上要するのは、盗

作の可能性がないかどうかを調べる時間が必要だからです。それには、当該のテーマに関する先行研究をすべて見なければなりません。「誰々の業績を参考にしました」と、きちんと註記《ちゅうき》しておけば問題はないのですが、それをせずに、他人の業績を自分の手柄のようにするのを盗作といいます。人間の世界においても、あるまじきことですが、仏に対してこれをやるのですから、「もつてのほかの子細」、「きはめたる荒涼のこと」と言われるのは当然のことです。

また、私たちには、「先生面《づら》」「師匠面」をしたくなる性分があります。親鸞聖人も、ご自身を述懐《じゅっかい》されて、

名利《みょうり》の太山《たいせん》に迷惑《めいわく》し（『信文類』註釈版二六六頁、聖典二五一頁）

名利《みょうり》に人師《にんし》をこのむなり（『正像末和讃』註釈版六二二頁、聖典五一一頁）

などと述べておられます。

このことに関わることとして、『口伝鈔』では、浄土宗鎮西《ちんぜい》派の派祖 聖光房弁長《しょうこうぼうべんちょう》が、法然《ほうねん》聖人のもとを離れ、西国《さいごく》（九州）に赴《おもむ》こうとするときに、法然聖人から、「三《み》つの髻《もとどり》」を指摘されたいきさつが記されています（註釈版八八九頁、聖典六六一頁）。

「三つの髻」とは、上から目線で教えてあげようという態度の「勝他《しょうた》」、立派な学僧といわれたい「名聞《みょうもん》」、施しや利益を期待する「利養《りよう》」の三つで、こういう野心にとりつかれていては出家者のあり方ではないと、法然聖人は厳しく指摘されました。この「名聞」、「利養」こそが「名利の太山」であって、「人師《にんし》をこのむ」、すなわち、先生扱いされたがるのが私たちです。

私たちは、何かにつけて、優位な立場に立ちたがります。「勝ち組・負け組」という言葉もはやりました。そして、他人を踏み台にして自分だけが優位に立とうとする、優勝劣敗《れっぱい》、弱肉強食の論理に、どっぷりと浸《つ》かっています。「自由競争」という美名のもとに、経済格差は拡大の一途を辿り、七人に一人が困窮状態にあるといわれるほど、貧困率は、先進国の中では驚くほど高くなっています。また、学校では「いじめ」が、社会では「差別」が、大きな問題となっています。

他人を蹴落として、それで自分が勝ったと思っているとしたら、それは錯覚にすぎません。他人を傷つけることによって自分の値打ちを下げ、結局は自分も傷ついていることに気づかねばならないのです。

親鸞聖人も、「人師」を好もうとする思いが頭をもたげてくる自身を悲嘆《ひたん》されました。自身の内にも、そういう愚痴無明《ぐちむみょう》がふつふつと湧いてくることに、正面から向き合われ、そのような身であることに深く悲嘆されながらも、少なくとも阿弥陀仏のはたらきを自らの手柄にするようなふるまいだけはすまい、そんな決意と誡《いまし》めをお述べになった一段だと、私は理解しています。

聖教《しょうぎょう》を私物化してはならない

「袖擦《そです》り合うも多生《たしょう》の縁」。ふと擦れ違うだけでも多くの縁あってのこと。夫婦や友人など親密な人との出会いは、不思議としかいいようのないほどの、尊いご縁のたまものです。しかし、この娑婆《しゃば》境界《きょうがい》では、「愛別離苦《あいべつりく》」といって、どんなに大切でいとおしい人であっても、別離の日が必ずやってきます。また逆に「怨憎会苦《おんぞうえく》」といって、どんなに嫌いな人でも、逃げ続けるわけにはいきません。人間関係とは、まさに、「つくべき縁あればともなひ、はなるべき縁あればはなるる」のが、この世のならいです。

そうであるのに、「師をそむきて、ひとにつれて念仏する」、つまり、自分に師事していた弟子が突然、「もう、あなたを先生とは思わない」と言って他の人の弟子となった時、「そのような者は往生できない」と言っているとすれば、それはとんでもないことだと、厳しく叱責《しっせき》されています。

こうおっしゃるからには、そういうことを言う人が現実にいたのでしょう。いないのに、こんなことは言われません。

先には、仏の手柄を自分の手柄にするあり方が批判されていましたが、ここでは、仏のお弟子を自分の私物化・専有化するあり方が批判されていて、そして、「師匠を裏切るような者は往生できない」などと言うような越権《えっけん》行為を批判されます。往生の可否について、私たちは判断する立場にはありません。

『歎異抄』第六条は、覚如《かくにょ》上人の『口伝鈔《くでんしょう》』にも類似したくだりがあります。『口伝鈔』第六条では、信楽房《しんぎょうぼう》が親鸞聖人の下《もと》を離れようとしたとき、蓮位《れんい》房が、「聖人と袂《たもと》を分かつのであれば、本尊や聖教《しょうぎょう》などは、すべて取り上げるべきだ」と主張しました。一見、もっともな言い分のようにも感じますが、親鸞聖人は、それを完全に否定され、取り返そうなどと思ってはならないと諭《さと》されるのです。

その時の聖人のお言葉の中で、『歎異抄』と同内容の部分については先に紹介しましたが、『歎異抄』にはない記述もあり、それが次の一節です。

本尊《ほんぞん》・聖教《しょうぎょう》は衆生利益《しゅじょうりやく》の方便《ほうべん》なれば、親鸞《しんらん》がむつびをすてて他《た》の門室《もんしつ》に入《い》るといふとも、わたくしに自専《じせん》すべからず。如来《にょらい》の教法《きょうぼう》は総《そう》じて流通物《るずうもつ》なればなり。しかるに親鸞《しんらん》が名字《みょうじ》ののりたるを、〈法師《ほうし》にくければ袈裟《けさ》さへ〉の風情《ふぜい》にいとひおもふによりて、たとひかの聖教《しょうぎょう》を山野《さんや》にすつといふとも、そのところの有情群類《うじょうぐんるい》、かの聖教《しょうぎょう》にすくはれてことごとくその益《やく》をうべし。しからば衆生利益《しゅじょうりやく》の本懐《ほんがい》、そのとき満足《まんぞく》すべし。（註釈版八八一頁、聖典六五五頁）

（本尊や聖教は、衆生を利益するための手立てであるから、この親鸞との縁を棄《す》てて、他へ入門したとしても、その聖教は、自分の専有物ではない。聖教とは、如来のおみのりが書かれているもので、それは、もともと人々に弘《ひろ》まっていくものである。だから、その人が、仮に、親鸞の名が書かれていることによって、「坊主憎けりゃ、袈裟まで憎い」と毛嫌いして、山や野原に捨てたとしても、捨てられた聖教を通して、そこでいろんな生き物が救われるであろう。それこそが、衆生利益という聖教の本当の目的が達成されることになるのである）

「坊主憎けりゃ、袈裟まで憎い」の慣用句が、この当時からあったということに、少し新鮮な驚きを感じましたが、それはともかくとして、本尊や聖教には、そのものに衆生利益のはたらきがあるのだから、それを専有化・私物化してはならない、とのご教示です。

私事で恐縮ですが、私は、ご法話・お説教が不得手《ふえて》です。すぐに小難しい話になりますし、眠くなるような話し方にもなるのです。そういう私の支えになったのが、実は今のお言葉で、お聖教の内容をお伝えしさえすれば、ご法義は勝手に弘まってくれるのです。もちろん正確に伝えねばなりませんし、できる限りわかりやすく話すよう努めることも必要です。しかし、とにかく、お聖教の内容、お聖教のおこころを伝えることが、お取り次《つ》ぎなのだと、いわば開き直れたのが、この『口伝鈔』のお言葉でした。

ご法義を正しくわかりやすく伝えることは、容易なことではありません。しかし、お聖教それ自体に大きなはたらきがあるということは、皆さんも私も、お互いの聞法人生の中で、再確認しておきたいことです。

切り花は実を結ばない

「自然《じねん》のことわり」とは、ここでは、「他力の道理」と考えておけばよいでしょう。

「自然」には、「無為《むい》自然」という、分別を超えた「さとりそのもの」を指す場合もありますが、ここでは「願力《がんりき》自然」のこと、「他力」の意味だと考えます。

『無量寿経』の下巻に「易往而無人《いおうにむにん》」の一節がありますが、「易往（浄土には往生しやすい）」の理由について、

自然《じねん》の牽《ひ》くところなり。

（『無量寿経』註釈版五四頁、聖典五七頁）

と説明されています。

ちょうど、釘《くぎ》が磁石に引き付けられて動くのと同じです。釘自身に動く力はありません。もし、釘が自分で動けるのなら、木造建築は危なくてしょうがありません。いつの間にか釘が勝手にどこかに行ってしまったら、柱も梁《はり》も崩《くず》れます。釘自身に動く力はないのに、釘が磁石に向かって動くのは、磁力が引き付けているからです。私たちもこれと同じこと。私の側には、浄土に向かう力などありません。地獄一定《いちじょう》です。しかし、本願力《りき》によって、浄土への道を歩ませていただいている、この「願力自然」が、「他力」です。

「他力」を心得ることによって、どうして、「仏や師の恩を知る」ことになるのでしょう。

龍樹菩薩《りゅうじゅ》は、その伝記によると、若いころは、かなり悪かったそうです。自分の姿が見えない術を会得《えとく》し、悪友たちと、王さまの宮殿に忍び込みました。最初はやりたい放題でしたが、ある時、床に砂がまかれ、姿は見えずとも足跡でわかり、悪友たちはすべて斬《き》り殺されました。一人生き残ることのできた龍樹菩薩は、これをきっかけに、大きな発見をしたのです。それが、「欲は苦の本」です。

私たちは、苦の原因を、つねに外に見ようとします。隣のおばさんのタチが悪い。会社の上司がロクでもない。社会が悪い、政治が悪い、教育が悪い。夏目漱石の『草枕』の冒頭には、「智《ち》に働けば角《かど》が立つ。情《じょう》に棹《さお》させば流される。意地を通せば窮屈《きゅうくつ》だ。兎角《とかく》に人の世は住みにくい。住みにくさが高《こう》じると、安い所へ引き越したくなる」とあります。自分の苦しみは周囲に原因があると思って、引っ越ししたくなるのですが、「どこへ越しても住みにくい」と続きます。つまり、自分にとって都合がいいか悪いかという見方でいる限り、どこに行っても、必ず自分にとって都合の悪い存在が現れるのです。苦の原因は外にではなく、自分中心という内なる欲にあるという大発見でした。

原因がわかれば解決の方法が探せます。どんな難病でも、原因がわかれば治療も予防も可能になります。苦の原因が自らの欲だとわかりました。解決策は、まず、「欲をなくせば苦もなくなる」という方法があります。子どもでもわかる理屈ですが、いざ実行するとなると困難をきわめます。難行《なんぎょう》道《どう》といわれるゆえんです。「わかっちゃいるけど、やめられない」のが私たちです。

龍樹菩薩は、他に方法はないか、欲は欲のままで苦につながらない方法はないかと考えました。それが、他力易行《いぎょう》の念仏です。念仏申す身になっても、欲はなくなりません。煩悩の花盛りです。しかし、「切り花は実を結ばない」といわれるように、業障《ごっしょう》を消滅させて、煩悩の根っこを切ってくださるので、迷いの果を引かず、正定聚《しょうじょうじゅ》の位《くらい》に定まるのです。そして、欲はなくならなくても、欲望のおもむくままの不平・不満の毎日が、「ありがたい」「もったいない」という身に変えられる。他力易行の念仏者は、「ご恩のわかる人」に育てられていくのです。

第七条

第七条　本文

念仏者《ねんぶつしゃ》は無碍《むげ》の一道《いちどう》なり。そのいはれいかんとならば、信心《しんじん》の行者《ぎょうじゃ》には、天神《てんじん》・地祇《じぎ》も敬伏《きょうぶく》し、魔界《まかい》・外道《げどう》も障碍《しょうげ》することなし。罪悪《ざいあく》も業報《ごうほう》を感《かん》ずることあたはず、諸善《しょぜん》もおよぶことなきゆゑなりと云々《うんぬん》。

（註釈版八三六頁、聖典六二九頁）

私　訳

念仏者は、何ものにもさまたげられない道を、ただひとすじに歩むのです。

そのわけは、どういうことかというと、真実信心の念仏者には、天地の神々も畏《おそ》れ敬い、悪魔や外《げ》道《どう》も邪魔《じゃま》できないからです。また、自らの罪深《つみぶか》さや、その報《むく》いについても、怖《おそ》れおののく必要はなく、どのような善も、念仏に匹敵《ひってき》するものはないからです、と仰《おお》せになりました。

一道とは唯一無二の道

「念仏者は無礙《むげ》の一道なり」。とても力強い響きですが、日本語としては、少し不自然な感は否《いな》めません。「念仏者」が、「一道なり」では、主語と述語がうまく対応していないのです。「念仏者は」が主語ならば、文末は、「無礙の一道を歩むものなり」くらいに少し語を補う必要がありますし、「無礙の一道なり」で結ぶのなら、主語は「念仏は」とあるべきです。このことは、多くの先哲が、すでに注意しています。

大谷派の高名な国語学者で宗学者でもあった多屋頼俊《たやらいしゅん》氏は、次のように考えました。日本の古文では、「者」には、「もの」という名詞だけでなく、「は」という主格をあらわす助詞の場合があります。そこで、ここの「念仏者」は、「念仏は」と読むべきだと主張されたのです。『歎異抄』には自筆本がありませんが、最も古い蓮如上人の写本に、「ハ」と仮名が振ってあるのは、送り仮名ではなく、読み仮名だという解釈です。こう読むと、「念仏は、無礙の一道なり」と、すっきりした文章になり、説得力のある解釈として、多くの人に受け入れられました。

しかし、問題もあります。次の第八条の「念仏《ねんぶつ》は行者《ぎょうじゃ》のために、非行《ひぎょう》・非善《ひぜん》なり」には、「者」の字はなく、主格をあらわす場合に、第七条と第八条では異なった表記になってしまい、それも不自然です。そうすると、両者は区別して解釈すべきということになり、この観点からすれば、この第七条は、「念仏は」ではなく「念仏者は」と読むべきだということになるでしょう。これだと日本語の主述が不整合ではありますが、だいたいが、『歎異抄』には、日本語として不自然な表現が散見されます。その一例が、第三条の「他力《たりき》をたのみたてまつる悪人《あくにん》、もっとも往生《おうじょう》の正因《しょういん》なり」の文です。

第三条の場合と異なり、第七条の場合は、どちらで解釈しても、法義の上で大きな違いはありません。とりあえず、私は、「念仏者は」と読む立場で理解して私訳文をつくりました。

次に「無礙」について考えます。「無礙」は、阿弥陀仏のことを「尽十方《じんじっぽう》無碍光《こう》如来」と称するように、「何ものにもさまたげられない」という意味です。

親鸞聖人は、『教行信証《きょうぎょうしんしょう》』の「行文類《ぎょうもんるい》」に、『華厳経《けごんぎょう》』の、

一切《いっさい》の無礙人《むげにん》、一道《いちどう》より生死《しょうじ》を出《い》でたまへり。　（註釈版一九六頁、聖典一九七頁）

の文《もん》を引かれていて、『歎異抄』の直接の根拠は、この文だと思われます。念仏という「無礙の一道」によって生死の迷いを抜け出ることができる、とあらわされています。

この『華厳経』の文は、曇鸞大師《どんらんだいし》も注目されていて、『往生論註《おうじょうろんちゅう》』の中では、

『経《きょう》』にのたまはく、「十方《じっぽう》の無礙人《むげにん》、一道《いちどう》より生死《しょうじ》を出《い》づ」と。「一道《いちどう》」とは一無礙道《いちむげどう》なり。「無礙《むげ》」とは、いはく、生死《しょうじ》すなはちこれ涅槃《ねはん》と知《し》るなり。　（七祖篇一五五頁、真聖全一・三四六頁）

と述べられています。親鸞聖人が、「正信偈」の中で、曇鸞大師の法義について、

証知生死即涅槃《しょうちしょうじそくねはん》（生死すなはち涅槃なり）　（註釈版二〇六頁、聖典二〇六頁）

と讃嘆《さんだん》されるのは、このことを指します。ただし、注意しておかねばならないことは、「無礙」の徳

である、「生死即涅槃を知る」のは、あくまで「証知」とされていて、「信知」ではないのです。すなわち、浄土に往生し、証果《しょうか》（さとり）を得てからのことです。

「生死即涅槃（迷いすなわち涅槃なり）」、あるいは「煩悩即菩提（煩悩すなわちさとりなり）」とは、仏からご覧になって、迷いもさとりも別々ではないという、さとりの境地からの表現なのであり、私たち凡夫《ぼんぶ》の、迷いの世界から言いうることではありません。それは、前後をひっくり返してみると、よくわかります。仏から私たちの迷い（生死）をご覧になって、この「生死」が実は「涅槃」と別々でないことを「生死即涅槃」「煩悩即菩提」と述べられるのであって、私たち迷いの世界からさとりの世界（涅槃）を見て、「涅槃即生死」「菩提即煩悩」という言い方はありません。さかさま表記ができないのは、凡夫の側から言いうる内容ではないということです。

「一道」とは、ただひとすじの道、唯一《ゆいいつ》無《む》二《に》の進むべき道のことで、私は、善導《ぜんどう》大師の「二河白《にがびゃく》道《どう》」の譬《たと》え（七祖篇四六六頁、真聖全一・五三九頁）を思い出します。

「人《ひと》ありて西《にし》に向《む》かひて」から始まる比喩《ひゆ》ですが、行者《ぎょうじゃ》が群賊《ぐんぞく》・悪獣《あくじゅう》に追いかけられ、目の前に、火と水の二つの大河が行く手を阻《はば》んでいました。二つの河の中間には一本の白い道があるのですが、道幅が狭く、さらに両側から絶えず火と水の波が打ち寄せていました。行くも戻るも止まるも死という絶体絶命の状態の中で、こちら側《がわ》の東岸の釈尊のお勧《すす》めと、向こう岸の西岸からの弥陀のよび声とによって、白道《びゃくどう》への歩みを進めたことが劇的に描《えが》かれています。弥陀の招喚《しょうかん》は第十八願のことで、「なんぢ（十方衆生《じっぽうしゅじょう》）、一心《いっしん》（至心信楽欲生我国《ししんしんぎょうよくしょうがこく》）正念《しょうねん》（乃至十念《ないしじゅうねん》）にしてただちに来《きた》れ。われよくなんぢを護《まも》らん（若不生者不取正覚《にゃくふしょうじゃふしゅしょうがく》）」と、第十八願の内容がドラマ風に脚本化されています。ちなみに、「ただちに来れ」とは、一刻も早く来なさいという意味ではないと思います。「そのまま来い」という意味であって、第十八願では、「三心十念」と「若不生者不取正覚」との間には何もないこと、信心と念仏以外には何もないことをあらわしています。

火・水二河《にが》を、瞋恚《しんに》や貪欲《とんよく》などの私たちの煩悩に譬《たと》え、群賊・悪獣を、衆生《しゅじょう》の迷いや、世の中の悪見《あっけん》・異解《いげ》に譬えているとされます。進むべき白道が、「ひろさ四五寸《しごすん》」にしか見えないのは、煩悩がそうさせているのでしょう。そこに、行者《ぎょうじゃ》が勇気をもって白道を歩み始めるのは、釈迦・弥陀二《に》尊《そん》の尊いお導きによるという、「釈迦《しゃか》・弥陀《みだ》は慈悲《じひ》の父母《ぶも》」（『高僧和讃』註釈版五九一頁、聖典四九六頁）であることをあらわしています。

欲望に支配された現代にこそ

「二河白道《にがびゃくどう》」の譬《たと》えは、とても感動的で巧《たく》みな比喩《ひゆ》ですが、私がいま気になっているのは、現代人には、この譬えの前提である「西に向かう」（西方願生《さいほうがんしょう》）という思いさえないことです。「生死《しょうじ》出《い》づべき道」が課題にならない人には、さとりも浄土も響くはずはなく、浄土が理解できない人には、仏道を歩む気も起こりません。「西に向かう」という出発点にも立てないのが今の時代だと思います。

その一方、多くの現代人は心の中に闇を抱え、都会は人口は多くてもお互いの関わりが希薄で、みな孤独を抱えています。そんな時代だからこそ、この「無礙の一道」は、現代にも響く内容だと考えています。

なぜならば、現代人は、「自由」の価値を尊重し、「自由」に憧れているからです。「無礙の一道」こそは、何ものにも妨《さまた》げられない独立自尊の生き方です。

私も含め、戦後の教育を受けてきた者は、自己肯定の意識を根底に持ち、自己実現を目標にします。そのことの当否を今は問いませんが、少なくとも自己肯定が基本の現代人は、自我を認めない「無我」や、自力を認めない「他力」、あるいは自らを「凡夫《ぼんぶ》悪人」とする、こういった自己否定の文脈を素直に受け入れられないのではないかと感じています。そういう感性に迎合する必要もありませんが、現状を把握しておく必要はあるでしょう。

自己肯定の論理は、欧米の文化土壌に基づいています。私が、ある時、開教使を目指す人たちへの研修に出講する機会がありました。その時の試験には、次のような出題をした記憶があります。「西洋のような自己肯定の文化土壌の人たちには、どうやって他力本願や悪人正機《しょうき》を伝えていくのが効果的と考えますか」というものです。

みなさんは、どう思われますか。正解があるともいえないような設問かもしれませんが、少しじっくり考えてみてください。

私の頭の中にあった出題の意図は、たとえば、「自力は迷いの本《もと》であり、他力こそが真実性の根拠であることを、肯定文で表現する」というものでした。あるいは、「自分の思い通りが自由ではなく、自分の思い通りとは、欲望に支配された一つの不自由にすぎない」という、価値の転換でもありました。

『教行信証』の「後序《ごじょ》」に、

慶《よろこ》ばしいかな、心《こころ》を弘誓《ぐぜい》の仏地《ぶつじ》に樹《た》て　（註釈版四七三頁、聖典四〇〇頁）

という、親鸞聖人の慶《よろこ》びの表現があります。不安定であてにならない私の心の足場が、阿弥陀仏の本願という確かな真実に立脚したことによって微動だにしない。この親鸞聖人の慶びの言葉こそが、「無礙の一道」であり、そして、心に闇を抱えた現代人への「無明長夜《むみょうじょうや》の灯炬《とうこ》（長い間、迷いの闇にあった私たちへの大きな灯火《ともしび》）」（註釈版六〇六頁、聖典五〇三頁）となるように思うのです。

いまだに迷信がはびこる現代

念仏者が、何ものにもさまたげられない「無礙《むげ》の一道《いちどう》」を歩むことができる理由について、親鸞聖人は、四点ご教示くださっています。順に見てまいりましょう。

①まず最初に、「天神・地祇も敬伏し」と示されます。

「敬伏《きょうぶく》」とは、「敬礼帰伏《きょうらいきぶく》」の略で、敬って帰依することです。「天神」と聞くと、天神祭を想起されるかもしれませんが、天神祭の「天神」は、学問に秀でた菅原道真を神として祀《まつ》ったもので、ここは、その意味ではありません。親鸞聖人が用いられる「天神」とは、梵天《ぼんてん》や帝釈天《たいしゃくてん》など、インド社会で考えられていた「天」の神々のことで、「地祇《ちぎ》」も同様に、八大龍王などのような大地の神々を指します。

親鸞聖人が書かれた「現世利益和讃《げんぜりやくわさん》」十五首（註釈版五七三頁、聖典四八七頁）の中の多くには、天神・地祇が私たち念仏者を敬い護《まも》ってくださることが詠《よ》まれています。

また、『教行信証《きょうぎょうしんしょう》』の「信文類《しんもんるい》」に、現世で恵まれる十種の利益が示されていますが、その第一番目は、「冥衆護持《みょうしゅごじ》の益《やく》」（註釈版二五一頁、聖典二四〇頁）です。ここでいう「冥衆」とは、直接的には「天神・地祇」のことを指しますが、「冥」は、「暗い」、「衆」は「多くの人」という意味ですから、少し意味を拡げると、多くの目に見えない存在、といえるかもしれません。

昔のインド社会でも、親鸞聖人の時代の日本でも、現在のような科学的水準ではありませんでしたから、原因不明のことが起こると、目に見えない存在の「罰《ばち》」や「祟《たた》り」を想像したことでしょう。日食や月食は、今日では科学的な理由が判明していますが、科学的知識のない時代では、不吉な前兆と考えられていました。目に見えないものへの怖れに支配されていたのです。

現代でも、たとえば、家族の中から病人やけが人が続けて出たり、不幸が重なったりすると、「先祖の祟りではないか」などと不安になります。そして、そんな時に、つい占《うらな》いに頼ったりします。科学がこれだけ発達しても、いまだに迷信がはびこっているのが現代です。

「友引の日に葬式をすると、友が引かれる」。科学的に、そんな因果関係のあるはずがないことは、誰もがわかっているのに、やはり不安に駆られています。

「友引」は、もとは「共引」や「相友引」と書かれていたようで、「共に引く」、つまりは、「引き分け」というくらいの意味です。「友引」の前日「先勝」は、午前中縁起がよい日（この表現も、非真宗的、非科学的です）とされていて、「友引」の翌日「先負」は、午前中縁起が悪い日とされています。中間の「友引」は、そのどちらでもないという意味にすぎません。「友引」を避けて翌日に回したら、一日遅らせるので、早めの時間に葬儀をすることになるでしょう。翌日の「先負」は午前中縁起が悪いとされる日なので、結局、かえってよくないことになるではありませんか。六曜《ろくよう》説の論理では、「友引」にするほうがむしろマシとなるでしょう。

それに、もともと、「友引」「大安」などの六曜説は、中国の星占いから来ているとされていますが、惑星の数は、六曜説の成立以後、いくつか新たに発見されて増えているのですから、星の影響を受けているのなら、それに合わせて修正される必要があるはずです。

私が密かに期待する、地元広島のある高校球児が、プロ入りの志願を提出した時に、テレビや新聞の記者から、「どうして、今日の日を選んだのですか」と質問され、「今日が大安だったからです」と答えたのには、失望しました。また、スポーツ選手の中には、時々名前を変える人がいます。おそらく姓名判断かと思いますが、姓名が関係するのなら、みんな「松井秀喜」という名前にすれば、みんな同じように打てるはずです。自分の才能と努力が信じられないような選手を応援したいとは思いません。善意に解釈すれば、過信や慢心を戒《いまし》め、謙虚でありたいという意図かもしれませんが、そうだとしても、占いに頼る方向は間違っています。

目に見えないものや、原因のわからない不安など、怖れるに足らず。科学でも解決しきれない迷信を横ざまに截《た》ち切るのが「冥衆護持の益」ともいえるでしょう。

②次に、「魔界《まかい》・外道《げどう》も障礙《しょうげ》することなし」と示されます。

この直接の根拠は、おそらく「十二礼《じゅうにらい》」の「能伏外道魔憍慢《のうぶくげどうまきょうまん》」（「悪魔外道もくじきます」）だと思われます。現在では、「十二礼」は、龍樹菩薩《りゅうじゅぼさつ》の作とは考えられていませんが、源信和尚《げんしんかしょう》は、『往《おう》生要集《じょうようしゅう》』の中で龍樹菩薩の作として扱っておられます（七祖篇八八一頁、真聖全一・七七二頁）。

①が善神、②が悪魔・外道、どちらも怖れる必要なしということでしょう。ただ、悪魔・外道は、どこにいるかと考えたら、悪魔や外道のささやきは、特に外道は外からもあるでしょうが、私はむしろ、自らの内にあるように感じます。最も怖れるべき、内なる悪魔・外道に気づくのが、本願を信知することです。本願に出あった者は、わが心の内にある悪魔・外道の怖さを知るのです。しかし同時に、金剛心《こんごうしん》であるからこそ、どんな悪魔・外道のささやきにも、心が揺《ゆ》らぐものではありません。

自力心の否定

③三番目には、「罪悪も業報を感ずることあたはず」と示されます。

これを単純に、「どんなに悪いことをしても、その業の報《むく》いを受けることはないので、何をしてもよい」という、造悪無礙《ぞうあくむげ》のような理解をしてはいけません。「不断煩悩得涅槃《ふだんぼんのうとくねはん》（煩悩《ぼんのう》を断《だん》ぜずして涅《ね》槃《はん》を得《う》るなり）」（『正信偈』註釈版二〇三頁、聖典二〇四頁）と同様の論理で理解すべきです。

「涅槃」とは、煩悩を断ずることによって得られる境地ですから、煩悩を断《た》たずに涅槃を得ることはできません。「正信偈」の「不断煩悩得涅槃」は、そういう、状態のことを述べておられるのではありません。「誰が断つのか」という、「断煩悩」の主語について、衆生が断つのではなく、仏力・他力が断つのだということを、衆生の側では「不断煩悩」とおっしゃっているのです。

『正像末和讃《しょうぞうまつわさん》』に、

無明《むみょう》長夜《じょうや》の灯炬《とうこ》なり　智眼《ちげん》くらしとかなしむな
生死大海《しょうじだいかい》の船筏《せんばつ》なり　罪障《ざいしょう》おもしとなげかざれ

（註釈版六〇六頁、聖典五〇三頁）

とあります。阿弥陀仏の智慧《ちえ》の光は、私たちの無明の闇を破る大きな灯火《ともしび》であるから、私たち衆生が、自らに智慧の眼がないことを悲しむ必要はないし、阿弥陀仏の慈悲は、迷いの海に沈む私たちを救ってくださる大きな船なのだから、自らの罪が重いことを歎《なげ》く必要はない、と示してくださっています。

私たちは、迷いの海の中では、沈む方向性しかなく、私の力でさとりの岸に至ることはできません。しかし、どれほど罪が重くとも、さとりへと至らせてくださるのは、阿弥陀仏の弘誓《ぐぜい》の船なのですから、私たちの側では、罪障の重さを歎く必要はないのです。

罪の報いを怖れる必要などなく、怖れているとしたら、それは、阿弥陀仏の救いを疑っていることにほかなりません。つまり、ここでは、阿弥陀仏の救いの力より自分の罪のほうが重いと思っている「信罪心《しんざいしん》」を否定しておられるのです。

④最後に、「諸善もおよぶことなきゆゑなり」と結ばれます。

念仏には、あらゆる功徳がこめられているので、おのおの個別の功徳しか持たない諸善・諸行の及ぶところではありません。もし、諸善・諸行に思いを寄せているとしたら、それは、念仏の功徳が信用できず、阿弥陀仏の救いを疑っていることにほかならないのです。自らの善行によって善《よ》い果福《かふく》を得ようとする「信福心《しんぷくしん》」という自力を否定されているのが、この一文です。

以上をまとめますと、念仏が無碍の一道を歩むことができるいわれについて、他力の金剛心は、①と②において、善神（①）も、悪魔・外道（②）も怖れるに足らずということを、そして③と④においては、「信罪心」（③）と「信福心」（④）という自力心の否定として、示してくださったと考えられるでしょう。

第八条

第八条　本文

念仏《ねんぶつ》は行者《ぎょうじゃ》のために、非行《ひぎょう》・非善《ひぜん》なり。わがはからひにて行《ぎょう》ずるにあらざれば、非行《ひぎょう》といふ。わがはからひにてつくる善《ぜん》にもあらざれば、非善《ひぜん》といふ。ひとへに他力《たりき》にして、自力《じりき》をはなれたるゆゑに、行者《ぎょうじゃ》のためには、非行《ひぎょう》・非善《ひぜん》なりと云々《うんぬん》。

（註釈版八三六頁、聖典六二九頁）

私　訳

念仏は、私たち称《とな》える側にとっては、行《ぎょう》でもなく、善でもありません。

念仏は、阿弥陀仏の救いのはたらきが、この私を通して活動しているものなので、自ら行う行《ぎょう》ではありませんし、この私には、善と名のつくものは何も見当たらないので、自らの善ではないのです。阿弥陀仏の本願他力のはたらきだけですから、自らの力はまったく役に立ちません。だから、称える者にとっては行でも善でもないのです、と仰《おお》せになりました。

自力のはからいが入る余地なし

「行者《ぎょうじゃ》のために」とは、「行者にとって」という意味で、つまり、念仏は、称《とな》える私たちの側にとっては、行《ぎょう》でもなく善でもない、ということです。

念仏が、称える側において「非行《ひぎょう》」とされるのは、「他力回向《えこう》」の大行《だいぎょう》だからといえます。それは、阿弥陀仏からの「他力回向」のゆえに、衆生《しゅじょう》にとっては「不回向《ふえこう》」だというのと同じ道理です。

私のはからいがわずかなりとも入る隙間《すきま》があれば、それを自力といいます。私のはからいが微塵《みじん》も入る余地がないから、衆生からいえば「非行」なのです。さらに、私の迷い心で造《つく》ったものは、すべて迷いのもとであって、衆生の側には善と名づけうるものはありません。だから「非善」なのです。

そのことを、「ひとへに他力にして、自力をはなれたるゆゑに、行者のためには、非行・非善」と示されるのです。当然のことながら、何もしないのがよいという意味ではありません。「自分がやった」という、自らの手柄《てがら》にする心を問題としているのです。

ここでいわれていることは、因行《いんぎょう》（浄土に往生するための行業《ぎょうごう》）としては、「非行」「非善」であるということであって、ご報謝としては、精いっぱいにつとめさせていただかねばなりません。返しても返しきれない広大な恩徳《おんどく》に報《むく》いようとするのですから、不断の精進《しょうじん》でなければなりません。蓮如上人の「御文章《ごぶんしょう》」には、ねてもさめてもいのちのあらんかぎりは、称名念仏《しょうみょうねんぶつ》すべきものなり。

（註釈版一一八九頁、聖典八三三頁）

とお示しくださっています。

時々こんな質問をされる人がいます。「ねてもさめてもといわれますが、寝ている時には、どうやって、お念仏したらいいのですか」というものです。こんなとき、私は、いつも逆に問い返すことにしています。「寝ている時のことを心配しておられるようですが、起きている時に、どれだけお念仏されていますか？」。こう聞くと、たいていの人は理解してくれます。寝ている時のことを心配するよりも、起きているとき、精いっぱいお念仏申させていただくのです。

ただし、寝ている時でもお念仏されている方が、本当におられるようです。あるお医者さんから聞いた話ですが、その病院では、全身麻酔をかけた手術の後、麻酔が完全に覚める前は、家族の面会を遠慮してもらっているそうです。なぜかというと、人は、麻酔が覚めかける時には深層心理が吹き出してくるらしくて、普段は心の中に押しとどめているような愚痴《ぐち》や悪口が、時には家族の悪口さえ出てくるからだそうです。しかし、そのお医者さんが言うには、ある患者さんが麻酔の覚めるとき、「ナマンダブ、ナマンダブ」と、お念仏が出てきて驚いたそうです。心の底まで、お念仏が染みついておられるのですね。

私たちのご報謝には、もうこれでいいというゴールはありません。返しても返しきれないご恩に報いるのですから。聖道門《しょうどう》の難行《なんぎょう》は、誰もができるわけではありません。しかし、どんな難行でも、たとえば千日回峰行《かいほうぎょう》なら、千日目には完成という一応のゴールがあります。これに対し、私たちのご報謝には、もうこれでいいというゴールはなく、安住の地を持たないという、別の厳しさがあるのです。

親鸞聖人が書かれた、「恩徳讃《おんどくさん》」として私たちが慣《な》れ親しんでいる和讃《わさん》には、

如来大悲《にょらいだいひ》の恩徳《おんどく》は　身《み》を粉《こ》にしても報《ほう》ずべし
師主知識《ししゅちしき》の恩徳《おんどく》も　ほねをくだきても謝《しゃ》すべし
（註釈版六一〇頁、聖典五〇五頁）

と、「身を粉にしても」「骨をくだきても」と、最大級の努力として報恩行《ほうおんぎょう》が説かれます。「身を粉にしても」「骨をくだきても」とは、わが身のありったけをかけて、ご恩に報いようとする決意が述べられたもので、「粉骨砕身《ふんこつさいしん》」という慣用句もあります。それぞれの持ち分や立場に応じて、できることを精いっぱいにつとめさせていただくことにほかなりません。できないことまで求められてはいませんが、できることをしないのは怠慢《たいまん》です。

さらに、注意してほしいことは、阿弥陀仏が、ご恩報謝のお念仏をお誓いくださったのは、「救ってあげるのだから、ご恩報謝くらいしなさい」という意味ではありません。それでは、凡夫《ぼんぶ》の言い分と変わらないでしょう。

私たちは、たとえば電車やバスで席を譲ってあげたとき、お礼もいわずにデンと座られたら、カチンときます。べつに礼を言ってもらいたくて席を譲ったわけではないのですが、礼も言わずに座られたら、「いい年をして、礼も言えないのか」と憤慨《ふんがい》するのが私たち凡夫の了見です。阿弥陀仏の思い

は、これと同じではありません。お念仏申す身になることで、ご恩のわかる人に育てられ、不平・不満の毎日が、「ありがたい」「もったいない」という生き方に変えられる。そう願われたのが、報恩の念仏を誓われたおこころでしょう。

阿弥陀仏のご法義には、取引はありません。「救ってあげるから、ご恩報謝しなさい」という取引ではないのです。

大悲のはたらきは磁石のよう

私の個人的な思いですが、真実の宗教とは、取引をしないものだと考えています。「この壺《つぼ》を買ったら、ご利益《りやく》がありますよ」、「病気が治らないのは、信心が足らないからだ」。こういう論法で来る宗教は、まず嘘《うそ》っぱちだと思って間違いないと考えています。自分に都合のいいご利益を満たすために宗教を利用しているのですから、虚仮不実《こけふじつ》そのものです。

また、お念仏は、どうしてご恩報謝になるのでしょう。広大なご恩に報いるためなら、もっともっと難しい行《ぎょう》を、さまざまにつとめたほうがいいように思うかもしれません。しかし、そうではありません。それは何より、お念仏は、ご本願に誓ってあるからです。

古来、念仏が、なぜ報恩になるかという理由は、「上讃仏徳《じょうさんぶっとく》、下化衆生《げけしゅじょう》（上《かみ》は仏徳を讃《たた》え、下《しも》は衆《しゅ》生《じょう》を化《け》す）」といわれています。

まず、仏徳讃嘆《さんだん》だから報恩行《ぎょう》になるのです。そして、同時に、衆生に念仏の法義を伝える縁になるからでもあります。『蓮如上人御一代記聞書《れんにょしょうにんごいちだいききがき》』に、

尼入道《あまにゅうどう》のたぐひのたふとやありがたやと申《もう》され候《そうろ》ふをききては、人《ひと》が信《しん》をとると、前々住上《ぜんぜんじゅうしょう》人《にん》（蓮如《れんにょ》）仰《おお》せられ候《そうろ》ふよしに候《そうろ》ふ。（註釈版一二六二頁、聖典八七三頁）

とあるように、お念仏を喜ぶ姿を、他の人が見たら、「お念仏は、なんて尊い生き方だろう」と感銘を与え、それによって念仏の法義が伝わっていくからです。多くの衆生を教化《きょうけ》する阿弥陀仏のお手伝いになっているのです。私たち凡夫の身において、衆生を教化するなどという大《だい》それたことができるのは、念仏相続こそは仏の大悲のはたらきであり、その大悲のはたらきが、私を通して人々に伝わっていくからです。

親鸞聖人は、『教行信証《きょうぎょうしんしょう》』の「行文類《ぎょうもんるい》」の中で、名号《みょうごう》のはたらきについて、

なほ磁石《じしゃく》のごとし、本願《ほんがん》の因《いん》を吸《す》ふがゆゑに。（註釈版二〇一頁、聖典二〇二頁）

と示されています。磁石の磁力は、引き付けた釘《くぎ》に伝わり、今度は、その釘が、受けた磁力のはたらきによって、別の釘を引き付けていきます。私が阿弥陀仏の磁場のはたらき場所となる、それが「自《じ》信教人信《しんきょうにんしん》」。仏力・他力によって自ら信じる（「自信」）、その姿が、そのまま「教人信」（人を教えて信ぜしむ）として、人々に信を伝えていくのです。

第九条

第九条　本文

念仏《ねんぶつ》申《もう》し候《そうら》へども、踊躍歓喜《ゆやくかんぎ》のこころおろそかに候《そうろ》ふこと、またいそぎ浄土《じょうど》へまゐりたきこころの候《そうら》はぬは、いかにと候《そうろ》ふべきことにて候《そうろ》ふやらんと、申《もう》しいれて候《そうら》ひしかば、親鸞《しんらん》もこの不審《ふしん》ありつるに、唯円房《ゆいえんぼう》おなじこころにてありけり。よくよく案《あん》じみれば、天《てん》にをどり地《ち》にをどるほどによろこぶべきことをよろこばぬにて、いよいよ往生《おうじょう》は一定《いちじょう》とおもひたまふなり。よろこぶべきこころをおさへてよろこばざるは、煩悩《ぼんのう》の所為《しょい》なり。しかるに仏《ぶつ》かねてしろしめして、煩悩具足《ぼんのうぐそく》の凡夫《ぼんぶ》と仰《おお》せられたることなれば、他力《たりき》の悲願《ひがん》はかくのごとし、われらがためなりけりとしられて、いよいよたのもしくおぼゆるなり。また浄土《じょうど》へいそぎまゐりたきこころのなくて、いささか所労《しょろう》のこともあれば、死《し》なんずるやらんとこころぼそくおぼゆることも、煩悩《ぼんのう》の所為《しょい》なり。久遠劫《くおんごう》よりいままで流転《るてん》せる苦悩《くのう》の旧里《きゅうり》はすてがたく、いまだ生《うま》れざる安養浄土《あんにょうじょうど》はこひしからず候《そうろ》ふこと、まことによくよく煩悩《ぼんのう》の興盛《こうじょう》に候《そうろ》ふにこそ。なごりをしくおもへども、娑婆《しゃば》の縁《えん》尽《つ》きて、ちからなくしてをはるときに、かの土《ど》へはまゐるべきなり。いそぎまゐりたきこころなきものを、ことにあはれみたまふなり。これにつけてこそ、いよいよ大悲大願《だいひだいがん》はたのもしく、往生《おうじょう》は決定《けつじょう》と存《ぞん》じ候《そうら》へ。踊躍歓喜《ゆやくかんぎ》のこころもあり、いそぎ浄土《じょうど》へもまゐりたく候《そうら》はんには、煩悩《ぼんのう》のなきやらんと、あ一やしく候《そうら》ひなましと云々《うんぬん》。

（註釈版八三六～八三七頁、聖典六二九～六三〇頁）

私訳

私唯円《ゆいえん》が、親鸞聖人に対して、「念仏をお称《とな》えしておりましても、経典《きょうてん》に説かれているような、躍《おど》り上がるほどの喜びの思いは湧《わ》いてきませんし、また少しでも早く浄土に往生したいという思いも湧いてこないのですが、これは、どうしたことでしょうか」と、勇気を奮《ふる》って尋《たず》ねてみました。すると、親鸞聖人は、「この親鸞も、まったく同じことを悩み続けていたのだが、唯円よ、あなたも同じ思いだったのですね」とおっしゃったのです。

よくよく考えてみると、躍《おど》り上がるほどに喜ぶべきことなのに喜べないからこそ、往生はますます間違いないと思いますよ。

喜ぶべきことが喜べないのは、それは煩悩が邪魔《じゃま》しているからです。実は、阿弥陀仏は、そのような私であるとすでに知り尽くしておられ、煩悩という煩悩をすべて持ち合わせた、力の劣った身であることを見通しておられるのです。阿弥陀仏の尊い願いは、このようなものであって、私たちのために立ち上がってくださったのだと、あらためて気づかされ、ますますたのもしく思えるではありませんか。

また、早く浄土に往生したいという思いが起こらず、少し病気にでもなったら、もはや命が終わるのではないかと不安になるのも、煩悩のしわざです。果てしない過去から今に至るまで、とてつもなく長い間迷い続けた、この苦しみの世界に未練が尽きず、まだ生まれたことのない安らかなさとりの世界に心が惹《ひ》かれないのも、煩悩が強く盛んだからです。どんなに名残り惜しくとも、この世の縁が尽きたなら、何もできずに命を終えていかねばなりません。そして、その時に、浄土に往生させていただくのです。早く浄土に往生したいという思いが湧《わ》かないような者をこそ、特に、阿弥陀仏は、気にかけてくださっているのです。

このようなことを思えば、阿弥陀仏の大いなる慈悲と大いなる願いが、ますます頼もしく、浄土往生は間違いないと思えるではありませんか。

躍《おど》り上がるような喜びが起き、早く浄土に往生したいと思っているとしたら、これでは煩悩がないのではないかと、かえって疑わしく思えましょう、と仰《おお》せになりました。

信仰にはきわめて厳格な聖人

本文に入る前に、その前提になるようなことに、少しふれておきたいと思います。そこで、親鸞聖人のお手紙を二通ほど拝見しましょう。

善知識《ぜんぢしき》をおろかにおもひ、師《し》をそしるものをば、謗法《ほうぼう》のものと申《もう》すなり。おやをそしるものをば、五逆《ごぎゃく》のものと申《もう》すなり。同座《どうざ》せざれと候《そうろ》ふなり。されば北《きた》の郡《こおり》に候《そうら》ひし善証房《ぜんしょうぼう》は、おやをのり、善信《ぜんしん》（親鸞）をやうやうにそしり候《そうら》ひしかば、ちかづきむつまじくおもひ候《そうら》はで、ちかづけず候《そうら》ひき。

（註釈版七四五頁、聖典五六五頁）

（善知識《ぜんちしき》を疎遠にし、師を悪しざまに言う者は、謗法罪《ほうぼう》に当たるといえます。また、親を悪く言う者は、五逆罪《ごぎゃく》といえます。こういう人たちと同席してはなりません。かつて、北の郡という所に住んでいた善証房は、親をののしり、この親鸞を、さまざまに悪く言い続けるので、親しく接しようとは思わず、実際にそばに近づけなかったのです）

このように、五逆・謗法に等しい不見識な者とは、絶交状態を取り、近寄せなかったと書かれています。

また、「本願ぼこり」といわれる、造悪無礙《ぞうあくむげ》の人たちに対しても、

めでたき仏《ぶつ》の御《おん》ちかひのあればとて、わざとすまじきことどもをもし、おもふまじきことどもをもおもひなどせんは、よくよくこの世《よ》のいとはしからず、身《み》のわろきことをおもひしらぬにて候《そうら》へば、念仏《ねんぶつ》にこころざしもなく、仏《ぶつ》の御《おん》ちかひにもこころざしのおはしまさぬにて候《そうら》へば、念仏《ねんぶつ》せさせたまふとも、その御《おん》こころざしにては順次《じゅんじ》の往生《おうじょう》もかたくや候《そうろ》ふべからん。

（註釈版七四四頁、聖典五六四頁）

（素晴らしいご本願があるからといって、わざとしてはならないことをしたり、思ってはならないようなことを悪びれもせず思うような者は、この悪《あ》しき世《よ》を厭《いと》う思いもないし、わが身の罪深いことにも気づきませんから、念仏にも、ご本願にも、何の関心も持ちません。そのような者に、

いくら念仏を勧《すす》めても、そんな思いでいる限り、このたびの命を終えた時、ただちに浄土へ往生することは不可能でありましょう）

一通目のお手紙に出てくる「北の郡《こおり》」という地名は、現在の茨城県北部ですから、親鸞聖人の関東伝道の時期のことです。新たな伝道の地として関東に赴《おもむ》かれたころ、在地の人たちには、誰彼《だれかれ》を問わず平等に、親しく接してこられた親鸞聖人ですが、心がけの誤った者はそばに近づけなかったり、ご本願を間違って受け取っている者に対しては、「順次《じゅんじ》の往生もかたくや候《そうろ》ふべからん（命終えた時に、ただちに往生することなどできないでしょう）」と、きわめて激烈な言葉を投げかけておられます。普段は心優しい親鸞聖人ですが、ご安心《あんじん》に関しては、とても厳格なお方でした。だからこそ、いかに実子であっても、ご法義のけじめのためには、善鸞《ぜんらん》を義絶《ぎぜつ》せねばならなかったのでしょう。

私事にわたりますが、この第九条を読むと、私の尊敬する、ある勧学和上《かんがくわじょう》が重なります。「鏡御影《かがみのごえい》」などを拝見すると、親鸞聖人は、見た目は、やはり厳しいお方のようです。その和上も、見た目はこわいのですが、実は、とても優しくて心細やかな方なのです。そのことは充分わかっているのですが、やはりご法義には厳しい和上なので、「満井君、君は、どう思うんだ」と低音で声をかけられると、「うわ、来た」と身震《みぶる》いしてしまいます。

厳格な聖人に意を決して問う

普段は心優しくても、信仰上のこととなると、きわめて厳格な親鸞聖人であったことを知る唯円《ゆいえん》は、「念仏していても喜びの心は湧いてこないし、早く浄土に往生したいという思いも湧いてこない」と、ずっと悩み続けながらも、こんなことを打ち明けたら、どれだけお叱りを受けるだろう、あるいは破門さえ告げられるかもしれないと、こわくて聞けませんでした。しかし、いつまでもこの疑問を抱え続けることに、もはやたえきれず、ついに意を決っして、それでもおそるおそる、唯円は親鸞聖人に尋ねたのです。

「愚か者、今まで何を聞いてきたんだ」、そう叱られることを覚悟して、おそらく身を小さくして、唯円は、親鸞聖人のお言葉を待っていたのでした。その時にかけられたお言葉が、

「親鸞もこの不審ありつるに、唯円房おなじこころにてありけり」だったのです。

唯円の驚きたるや、想像に難《かた》くありません。その場の状況すべてを含め、唯円にとっては、生涯忘れることのできない、とびきり大事なお言葉だったと推察されます。

第九条を記す唯円の頭の中には、その場の一部始終が、ありありと鮮明に思い出されたものと思います。その時の熱い思いが一気に溢《あふ》れ出たからでしょう。つい、うっかり、著者・唯円の正体が顔を出すことになるのです。

『歎異抄』には、著者の名前が記されておりません。おそらく、名告《なの》るつもりなどなかったのでしょう。そのため、著者について長く議論になりました。

まさしく、この場面、「申しいれて候《そうら》ひしかば」の主語は、唯円です。尋ねたのが唯円ですから、親鸞聖人が、「唯円房おなじこころにてありけり」と答えられたのです。そして、『歎異抄』の著者が唯円だったことが、「申しいれて候ひしかば」の表現によって判明するのです。もし、これを書いた『歎異抄』の著者が、唯円以外の人物であったとしたら、ここは、「申しいれられて候ひしかば」というような尊敬の助動詞を入れる必要があります。なのに、ここは謙譲語のみの表現（親鸞聖人に対する敬意）ですから、書いた人物と、尋ねた人物とは同一となります。つまり、これによって、『歎異抄』の著者は唯円であると判明するのです。ただ、どこの唯円かについては異説もあります。

この感動的な場面に接すると、余計な解説など、もはや不要と思われますが、それでも注意しておきたいのは、聖人のお言葉が、「不審ありしに」という過去形ではなく、「不審ありつるに」という完了形の文章だということです。もはや遠く過ぎ去った過去ではないのです。現在完了なら今もそうだということですし、過去完了なら「そうだったよなあ」というしみじみとした述懐の思いとなるでしょう。

何より驚くべきは、親鸞聖人の器《うつわ》の大きさ、懐《ふところ》の深さです。誤った考えの持ち主には、あれほど激烈な言葉を投げかけられたのに、唯円に対しては、包み込むような優しさで接しておられます。この差は、唯円が間違った考えをしてはいないことを、見通しておられたからでしょう。器の大きさと眼《がん》力《りき》の確かさは、法然《ほうねん》聖人と重なります。

覚如《かくにょ》上人が書かれた『拾遺古徳伝《しゅういことくでん》』に、法然聖人と極悪人の耳四郎《みみしろう》とのやりとりが記されています。夜中に盗みをはたらこうとお寺の床下に潜《ひそ》んでいた耳四郎でしたが、夜の法座で床の上から聞こえてきた法然聖人のご説法が耳から離れず、盗みのことも忘れ、朝になりました。翌朝になって、床下から這《は》い出た耳四郎が、「昨晩ご説法の、お聖人さまに会いたい」と申し出ます。得体の知れない怪《あや》しげな男ですから、弟子たちは当然、受け入れません。しかし、しつこく食い下がるので、「お伝えだけはするが、会っていただけるかどうか、わからんぞ」と言って、法然聖人に、「変な男が面会を求めているのですが、帰らせましょうか」と取り次ぐと、「いや、行こう」と言われ、法然聖人は耳四郎のところに来られました。耳四郎は、いきなり、「私のような者でも救われるでしょうか」と聞きます。その時の法然聖人のお言葉が、「宿善《しゅくぜん》もっともありがたし」でした。自らの罪深さに気づくことができたのは、阿弥陀仏の智慧《ちえ》に出あったからにほかならないとの眼力のなせる業《わざ》でした。影《かげ》が見えるのは、光が当たったからこそです。親鸞聖人も法然聖人も、確かな眼力と器の大きさは、どちらも共通しています。

ますます往生は間違いない？

唯円《ゆいえん》が、いわば悲壮な決意をもって親鸞聖人に尋ねた問いに対して、親鸞聖人は、包み込むような懐《ふところ》の深さで、その問いを解きほぐしていかれます。

唯円の問いは、二つの論点にわたっています。親鸞聖人は、それを、一つひとつ、まさにかんで含めるように、懇切丁寧に諭《さと》していかれるのです。

第一の点は、「念仏申していても、躍《おど》り上がるような喜びの心が湧《わ》いてこない」というものに対してです。それもそのはず、経典《きょうてん》（『無量寿経《むりょうじゅきょう》』）には、

それかの仏《ぶつ》の名号《みょうごう》を聞《き》くことを得《え》て、歓喜踊躍《かんぎゆやく》して乃至一念《ないしいちねん》せんことあらん。まさに知《し》るべし、この人《ひと》は大利《だいり》を得《う》とす。（註釈版八一頁、聖典八六頁）

とあり、阿弥陀仏のよび声に出あった者は、躍り上がるような喜び（歓喜踊躍）をもって念仏申すのであり、その者は、たとえ一声《ひとこえ》の念仏（乃至一念）であっても、この上ない利益《りやく》（大利）を得る、と説かれているのです。唯円が自らを振り返ってみると、念仏申す身にならせていただいてはいても、「歓喜踊躍」の思いが湧いてこず、このようなことでは「大利」を得ることなどできないのではないかと考えたのでしょう。自らのありようが、経典に説かれたものとは異なっている。これは大変なことだと、深刻に受け取ったものと想像され、至極もっともな悩みだと思われます。

まず、親鸞聖人のお答えは、

よろこぶべきことをよろこばぬにて、いよいよ往生は一定《いちじょう》とおもひたまふなり。（註釈版八三六頁、聖典六二九頁）

（喜ぶべきことを喜べないからこそ、ますます往生は間違いないと思いますよ）

というものでした。

唯円は、「はてな?」と思ったことでしょう。けげんな表情を浮かべる唯円に、親鸞聖人は、次のように、お言葉を続けられます。

よろこぶべきこころをおさへてよろこばざるは、煩悩の所為《しょい》なり。しかるに仏《ぶつ》かねてしろしめして、煩悩具足の凡夫《ぼんぶ》と仰《おお》せられたることなれば、他力の悲願はかくのごとし、われらがためなりけりとしられて、いよいよたのもしくおぼゆるなり。（註釈版八三六～八三七頁、聖典六二九頁）

（喜ぶべき心が抑《おさ》えられて喜べないのは、煩悩が邪魔しているからです。そして、阿弥陀仏は、そのことを、すでにご存じの上で、煩悩具足の凡夫と仰せられ、阿弥陀仏のお慈悲はこのようなものであって、そういう私たちを、救いの目当てとしてくださったのですから、私たち凡夫は、煩悩があってこそ救いの目当てだと、ますますたのもしく思えるではありませんか）

と、説き示されるのです。

「煩悩があるからこそ、救いの目当て」

私は、このお言葉を味わうとき、「蚊《か》」を思い出します。

夏になると、蚊がなかなか厄介《やっかい》です。「さあ、寝よう」と思って電気を消したら、「プーン」と枕元にやってくるのです。献血するだけならかまわないのですが、あとでかゆくなるので、こいつがいると眠れなくなるのです。それにしても、ほとんど真っ暗なのに、よくわかるものだと感心していました。よほど目がいいのだろうと思っていたら、そうではなく、私たち人間の呼吸する息に含まれる二酸化炭素をめがけてやってくるのだそうです。

かなり以前のことですが、テレビで、次のような実験をしていました。透明な箱の中にドライアイスだけを入れておきます。他には何も入れてはいません。その箱に直径数センチくらいの小さな穴を開けて、一晩ほど、外に出しておいたら、翌朝、箱の中は蚊でいっぱいになっているのです。ドライアイスが溶けたら二酸化炭素になりますから、蚊は、その二酸化炭素を嗅《か》ぎつけて、そこには蚊の栄養となる血を持った人間がいる、という理屈のようです。

蚊に譬《たと》えるのは失礼のきわみですが、蚊が二酸化炭素を嗅ぎつけて人間を探すように、阿弥陀仏も、煩悩を探知して、救いの目当てである私たち凡夫を探してくださるのではないかと思っています。煩悩のあるところに凡夫がいるからです。煩悩があるからこそ、阿弥陀仏は、私たちを見つけてくださるのです。

「煩悩具足」とは、煩悩と名のつくものを、すべて持ち合わせているということです。お仏壇のお荘厳《しょうごん》で、「三具足《みつぐそく》」とは、香炉《こうろ》と蠟燭立《ろうそくたて》と花瓶《かひん》が三つ全部揃っていることをいいます。たとえば、もし香炉が欠けていたとしたら、「具足」とはいいません。煩悩という煩悩を、何一つ欠けることなく、すべて持っているから、「煩悩具足」なのです。私は、よく「煩悩の総合デパート」と言っています。阿弥陀仏は、私たちが煩悩具足であることは、すでにご存じのお方です。ですから、私たちが、自分の持っている煩悩を今さら心配しても始まりません。私たちが心配するよりはるか以前から、阿弥陀仏は救いの法を、すでにご成就《じょうじゅ》くださっているのです。「煩悩があってよかった」とは言いませんが、煩悩があるからこそ、阿弥陀仏は、私を救いの目当てと見定めてくださるのです。

親鸞聖人は、ご和讃に、

如来《にょらい》の作願《さがん》をたづぬれば　苦悩《くのう》の有情《うじょう》をすてずして
回向を首としたまいて　大悲心をば成就せり

（『正像末和讃』註釈版六〇六頁、聖典五〇三頁）

と詠《よ》まれていて、阿弥陀さまが、どうしてご本願をお建てくださったかを問い尋ねてみると、苦悩に沈む私たち衆生《しゅじょう》がいるからだ、と受け止められたのです。

文法上の問題にも注意

小さなことですが、文法上の問題を少し。『歎異抄』には、時々、意味の取りづらい文章があります。

第九条でいえば、「他力の悲願はかくのごとし」です。最も古い蓮如上人による写本では、

しかるに仏かねてしろしめして、煩悩具足の凡夫と仰せられたることなれば、他力の悲願はかくのごとし、われらがためなりけりとしられて、いよいよたのもしくおぼゆるなり。

となっており、『註釈版聖典』も、これに従っています。

ところが、別の写本では、ここの「他力の悲願はかくのごとし」が、「他力の悲願はかくのごとき」となっています。文法上、前者は終止形、後者は連体形です。意味が取りやすいのは、異本の連

体形のほうで、「他力の悲願はかくのごときわれらがため」であれば、「他力の悲願は、このような私たちのため」という意味になり、そういう解釈をされる人も、実際多いようです。しかし、最古の写本が終止形ですから、それに沿って意味を取るべきだという立場もあり、今回、私は、その立場で私訳を作りました。この場合は、終止形であっても、通常の終止形のように句点で切るのではなく、読《とう》点《てん》で切って、文章は終わらずに続いていくという解釈を採り、「他力の悲願は、このようなものであって、私たちのために」と訳しました。これを終止形連用法というようです。細かなことですが、先《せん》哲《てつ》の研究では、こういう問題にも注意しておられることを付言《ふげん》しておきます。

浄土を思い病気をたのしむ

唯円《ゆいえん》の悩みの二点目は、「いそぎ浄土へまゐりたきこころの候はぬ（早く浄土に往生したいという思いが起こらない）」ことです。

この内容について考える時、私がいつも想起するのは、次の蓮如上人の「御文章《ごぶんしょう》」です。

法然聖人《ほうねんしょうにん》の御《おん》ことばにいはく、「浄土《じょうど》をねがふ行人《ぎょうにん》は、病患《びょうげん》を得《え》てひとへにこれをたのしむ」とこそ仰《おお》せられたり。しかれども、あながちに病患《びょうげん》をよろこぶこころ、さらにもつておこらず。あさましき身《み》なり。はづべし、かなしむべきものか。（註釈版一一八五頁、聖典八二九〜八三〇頁）

（法然聖人のお言葉によると、「お浄土参りを願う念仏者は、病気になったら、これで浄土が近づいたと喜べるものだ」との仰《おお》せである。しかし、病気をむしろ喜ぶ思いなど、まったく起こらない。何とも浅ましく、恥ずべき身である）

法然聖人のお言葉によると、「病気になったら、そのことを楽しむ」とおっしゃった。「よかったね。これで浄土が近くなったと喜ぶんだよ」と法然聖人はおっしゃっているけれど、「悲しいことに、なかなか、そうはいかないね」というのが、この「御文章」です。

親鸞聖人による、唯円への返答も、

浄土へいそぎまゐりたきこころのなくて、いささか所労《しょろう》のこともあれば、死なんずるやらんとこころぼそくおぼゆることも、煩悩の所為《しょい》なり。（註釈版八三七頁、聖典六二九～六三〇頁）

（少し病気にでもなったら、もはや命が終わるのではないかと不安になるのも、煩悩のしわざです）

とあり、「御文章」は、これと同じ内容といえます。

親鸞聖人にとって、法然聖人は、絶対的恩師の存在です。法然聖人の仰《おお》せには、一言一句も違《たが》えることがあってはならないと、心に言い聞かせてこられたはずです。法然聖人が、「病気になったら、お浄土が近いと喜びなさいよ」と言われたのなら、そうであるように努力されたに違いありません。

親鸞聖人は、当時において九十歳まで生きられたのですから、頑健《がんけん》で丈夫な方と思われますし、大きな病気もされなかったかもしれません。それでも、飢饉《ききん》や疫病《えきびょう》もあったことでしょう。恵信尼《えしんに》の手紙には、親鸞聖人が数日間高熱で苦しまれていた時の記述があります（註釈版八一五～八一六頁、聖典六一九頁）。おそらくそんな時に、法然聖人の言葉と今の自分が異なっていることに、悩まれたのではないかと想像します。そして、今の唯円の悩みを聞いて、「自分も同じだったのだ」と、唯円に告げられたのです。

いざ病気となり、「死」に直面した時に、今までの一切合切《いっさいがっさい》が、いかに嘘偽《うそいつわ》りであったかという正体が現れ出てくるのです。「ありがたい」と思っていたつもりが、「大丈夫」と思っていたつもりが、「死ぬかもしれない」という不安に直面した瞬間に、すべてが嘘偽りであったという正体が顔を出すのです。この世への未練が根強く、喜ぶべき浄土参りを喜べない自分に初めて気がつく。そして気づいた時には、「もう遅い」という事態になるのです。しかしながら、「もう遅い」と気がついて、実は、それが「手遅れ」ではなかったのです。喜ぶべきことを喜べずに邪魔《じゃま》をしているのは「煩悩の所為《しょい》」、煩悩のしわざなのです。そして「仏《ぶつ》かねてしろしめして、煩悩具足《ぐそく》の凡夫《ぼんぶ》と仰《おお》せられたることなれば」と、煩悩具足の身であることを、すでにご存じの阿弥陀仏ですから、阿弥陀仏の救いの法にまかせる以外にほかの道はありません。余計な心配は、すべて無駄な徒労です。

すでにすべてをお見通しの阿弥陀仏ですから、「そんな心配、しないでよい」と言ってくださっているのです。そのお心がわからずに、いらない心配をして、くよくよするのは、阿弥陀仏の心にかないません。阿弥陀仏の救いの力より自分の煩悩のほうが強いと考える「信罪心《しんざいしん》」という自力心になりかねません。「煩悩具足の身で、ご迷惑ばかりおかけしました」と、申し訳ない思いでいっぱいではありますが、「そんなこと、最初からわかっていますよ」と言ってくださるのですから、この際、甘えておいたらどうですか。だから、「いよいよたのもしくおぼゆる」と言われるわけです。

阿弥陀仏がいつも先手

永い間迷い続けた「苦悩の旧里《きゅうり》はすてがたく」、「安養浄土《あんにょう》はこひしからず候《そうろ》ふこと」は、「煩悩の興盛《こうじょう》」によるものです。そして、いかに名残り惜しくとも、縁が尽きれば、力およばず、この世の命を終えていかねばなりません。しかし、実は、「終わり」ではなく「始まり」なのです。それが、「かの土《ど》へはまゐるべきなり」、すなわち浄土への誕生ということです。

しかも、「いそぎまゐりたきこころなきものを、ことにあはれみたまふなり」との思《おぼ》し召《め》しですから、阿弥陀仏が待っていてくださる浄土に素直に行きたいと思っていない者を、一番待っていてくださるわけです。一番背を向けていた私を、一番気にかけ、一番待っていてくださるのです。

そして、最後の一文では、

踊躍歓喜《ゆやくかんぎ》のこころもあり、いそぎ浄土へもまゐりたく候《そうら》はんには、煩悩のなきやらんと、あやしく候《そうら》ひなましと云々。（註釈版八三七頁、聖典六三〇頁）

とあります。躍り上がるように喜び、早く浄土に参りたいと思っているとしたら、「これでは、煩悩がないのではないか」と、かえって疑わしくなりませんかと言われるのです。凡夫《ぼんぶ》なのに「煩悩がない」というのでは、かえって怪《あや》しいではないかということです。

カラスが白かったら怪しいです。「そんなはずはない。別の鳥じゃないか」ということになるでしょう。カラスの場合には、突然変異ということも起こりえます。しかし、煩悩のない凡夫はいません。煩悩のない状態を「さとり」というのですから、煩悩がなくなったら、もはや「凡夫」とはいわないのです。凡夫なのに、「自分には煩悩がない」と思っている人は、勘違いと言わざるをえません。ひどく酔《よ》っ払った人ほど、「自分は酔っていない」と主張するようなものです。

当たった光が強いほど、影も濃いといいます。阿弥陀仏の智慧《ちえ》の光に照らされたからこそ、煩悩具足という私の影が見えるのです。

「踊躍歓喜の心がなかったら救われない」というのではありません。阿弥陀仏は、「喜ぶ者を救いましょう」とはおっしゃっていません。「救いを喜ぶ」のです。「なんだ、順番をひっくり返しただけじゃないか」と思われるかもしれません。その通りです。しかし、順番をひっくり返すのが大事なのです。私たち衆生《しゅじょう》は、つねに後手《ごて》であって、阿弥陀仏が、いつも先手ということです。「本願成就《じょうじゅ》」として、すでに仕上がっているのですから。

第十条

第十条　本文

念仏《ねんぶつ》には無義《むぎ》をもつて義《ぎ》とす。不可称不可説不可思議《ふかしょうふかせつふかしぎ》のゆゑにと仰《おお》せ候《そうら》ひき。

（註釈版八三七頁、聖典六三〇頁）

私訳

念仏においては、自力のはからいが雑《ま》ざらないことを本義《ほんぎ》といたします。なぜならば、たたえ尽《つ》くすことも、説き尽くすことも、思いはかることもできないように、私たちのはからいを超えているからです、との仰《おお》せでした。

自力は自力で捨てられない

この第十条は、字数にして三十字余りという短文ながら、内容は難解です。特に最初の一文《いちぶん》、「念仏には無義をもつて義とす」が問題です。

およそ仏教では、矛盾するような表現がしばしば見受けられます。たとえば「正信偈」には、「生《しょう》死即涅槃《じそくねはん》」とありますし、曇鸞大師《どんらんだいし》の書かれた『往生論註《おうじょうろんちゅう》』には、「生即無生《しょうそくむしょう》」とあります。また、浄土真宗では読みませんが、日本人に最もよく知られていると思われる『般若心経《はんにゃしんぎょう》』にも「色即是《しきそくぜ》空《くう》」などとあり、仏教の思想構造には、こういった、矛盾を止揚《しよう》する表現が多用されています。西田哲学で有名な西田幾多郎《きたろう》は、「絶対矛盾の自己同一」などと称しています。難解ですね。

「生死即涅槃《しょうじそくねはん》」の場合だと、「この迷いの世界も、如来のさとりから見れば、別のものではない」といった意味で理解されますし、「生即無生《しょうそくむしょう》」には、「往生の『生《しょう》』は、迷いの生死《しょうじ》の『生』ではなく、『無生《むしょう》』というさとりにかなっている」という意味が想定されます。また、「色即是空《しきそくぜくう》」は、「形あるものも、実体的存在ではなく、縁起的存在である」というくらいの意味と理解されます。

これらに比べても、「無義をもつて義とす」の一文は、さらに意味が取りにくいのです。

親鸞聖人においては、『歎異抄』だけが唯一の用例ではありません。有名な「自然法爾章《じねんほうにしょう》」にも、

他力《たりき》には義《ぎ》なきを義《ぎ》とすとしるべきなり。（註釈版六二一頁、聖典五一一頁）

とあります。しかし、いわば周知の言葉のような扱いで、何の説明もなされていません。

『尊号真像銘文《そんごうしんぞうめいもん》』という親鸞聖人が書かれたお書物には、

「他力《たりき》には義《ぎ》のなきをもつて義《ぎ》とす」と、本師聖人《ほんししょうにん》（源空《げんくう》）の仰《おお》せごとなり。「義《ぎ》」といふは行《ぎょう》者《じゃ》のおのおののはからふこころなり。（註釈版六七三頁、聖典五三二頁）

とあり、「本師聖人（法然《ほうねん》聖人）の仰せごと」なので周知の扱いかと推察されます。「義」の語につい

ては、親鸞聖人自身によって、「行者のおのおののはからふこころ」と釈されていますので、この指南が基本になります。すなわち、「義なき」の「義」とは、「それぞれが別々にいだく、自力心のはからい」と示されていますから、「義」とは「はからい」という意味である、というところまでは確定できます。

「生即無生《しょうそくむしょう》」がそうであるように、一連の文章や熟語の中で、同じ字が使われている場合は、両者は同じ意味と見るのが普通です。否定の接頭語（「無」）の有無によって、「生」と「無生」の対立関係をあらわしているからです（その上で、両者が矛盾しないことをあらわしています）。これに準ずれば、いまの「無義為義（義なきを義とす）」も、否定の接頭語（「無」）の有無による、「無義」と「義」との対立構造と考えるのが普通といえるでしょう。こう考えると、自力のはからいのない無義を「義とする」という時の「義」とは、自力が否定されたはからい、すなわち「他力のはからい」「如来のはからい」であると、多くの宗学者たちが理解したのも、至極もっともといえ、「回向《えこう》・不回《ふえ》向《こう》」の場合と同じように、「他力が百だから、衆生《しゅじょう》はゼロ」という関係性をあらわしていると見ることは、宗義《しゅうぎ》の上では可能です。

あえて「宗義の上では」と申しましたのは、文法的には不自然なところがあるからです。先のように、どちらの「義」も「はからい」だとすると、この第十条の文は、「念仏では、自力のはからいがないことをもって、他力のはからいである」と訳すことになり、いささか変な文章となります。そこで、大谷派の多屋頼俊《たやらいしゅん》氏は、「義とする」の「義」は、「はからい」ではなく、「本義」（本来の意味）だと解釈されました。今日では、一般にこの説が受け入れられていますので、私訳もこの立場で作りましたが、宗義の上では、以前の説も捨てがたいものがあります。
「不可称不可説不可思議《ふかしょうふかせつふかしぎ》（称《たた》えることも説くことも思議することもできない）」とは、私たちの力では及ばないことを意味しています。他力の念仏は、私たちの自力を超えているからです。言い換《か》えると、「自力の延長線上に他力はない」ということです。
もうすでに亡くなられていますが、ある高名な方が、「念仏を称《とな》えていれば、いつか信心になる」と言って物議を醸《かも》したことがあります。自力の念仏からは、自力の信心にはなっても、他力の信心にはなりません。学者といわれる人なら、こんな雑《ざつ》なことを言っていては困ります。原口針水和上《しんすいわじょう》は、
われ称《とな》え　われ聞くなれど　これはこれ　つれてゆくぞの　弥陀のよび声
との有名な和歌を詠《よ》まれました。自分が称えている念仏ではあっても、その念仏を自分が聞いた時に、これは阿弥陀仏のよび声であったと気づかせていただくのです。自分が称えて信心になったのではありません。自分が称えた念仏ではあっても、これは実は阿弥陀仏のよび声であった、と聞かせていただくのです。学者たる者、こうでなければなりません。
また、ある特定の立場の方たちが、「徹底的に自力を捨てなければならない」と強調します。たしかに、自力が一滴でも混《ま》じったら、すでに他力ではありません。しかし、自力は自力で捨てられないのです。自らの力で、自力を捨て続けていったとしましょう。そうすると、最後に残る自力は誰が捨てるのでしょう。結局、捨てる自分が最後まで残るという迷路に陥《おちい》ります。これも、「自力の延長線

上に他力はない」ということです。皆さんも、便利な定理として活用していただけたらと思います。「なんか変なことを言うなあ」と違和感を感じたら、これに当てはめてみてください。正体《しょうたい》がわかることがあります。

私はお説教がへたくそで、すぐにわけのわからない話になり、お聴聞の人たちを困らせます。そんな時に、「皆さん、今日はわけのわからない話でお疲れになったでしょう。これから、自宅に戻られたら、ゆったりしたソファーに腰をおろしてみてください。ソファーに身をゆだねた途端に、肩の力がスーッと抜けていくでしょう。実は、それが自力の捨《す》たったすがたです。阿弥陀仏の大きな大きなお慈悲にゆだねたところで、自《おの》ずと自力が捨たるのです」と、お取り次《つ》ぎさせてもらってます。自力は自力では捨てられません。「自力の延長線上に他力はない」からです。

「はからい」とも理解できる

最後に、「仰《おお》せ候《そうら》ひき」との結びの文言《もんごん》について考えます。

ここまでの「師訓篇《しくんへん》（親鸞聖人の語録部分）」では、第三条と第十条を除き、他の条文はすべて「云々《うんぬん》」で結ばれていますが、第三条と第十条だけは「仰せ候ひき」で結ばれています。

この問題について考える時、今回引用した『尊号真像銘文』の「義なきを義とす」は、「本師聖人の仰《おお》せごと」として、法然聖人のお言葉とされていることに注目したいと思います。現に、『法然上

人全集』に収められている「護念経《ごねんぎょう》の奥に記せる御詞《おんことば》」（ただし、真偽は未確定とされる）の中に、

浄土宗安心起行《あんじんきぎょう》の事《こと》、義なき義とし、様《よう》なきを様とす。浅きは深きなり。

とあり、『尊号真像銘文』の記述を裏付けています。すると、この第十条の末尾が、「仰せ候ひき」とあるのは、法然聖人の仰せだからとも考えられます。第三条の結びが「仰せ候ひき」となっているのも、これと同様の事情と考えられるわけで、第三条冒頭の「善人なほもつて往生をとぐ。いはんや悪人をや」の文《もん》は親鸞聖人のお言葉、最後の「善人だにこそ往生すれ、まして悪人はと、仰せ候ひき」は、方便果遂《かすい》の願の見方をされなかった法然聖人のお言葉の可能性があると考えた、私の仮説と合致する結果にもなります。

「義なきを義とす」について、とりあえず多屋氏の文法的な通説にしたがって訳しましたが、『尊号真像銘文』にあるように、この語が「本師聖人（法然聖人）の仰せごと」で、具体的には先の護念経の奥書《おくがき》の「御詞《おんことば》」であるとしたなら、この第十条も、「御詞」の意味に則して解釈すべきだと思います。親鸞聖人は、これを意識しておられるはずだからです。そうすると、「様《よう》なきを様とす」と対句《ついく》ですから、最初の「様」も、後の「様」も同じ意味で、同様に、最初の「義」も、後の「義」も同じ意味で扱われていることになるはずです。後の「義」を「本義」と解釈するなら、「様なきを様とす」も、「様なきを義とす」とせねばならなくなるでしょう。法然聖人のお言葉にさかのぼれば、「本義」ではなく「はからい」と見たほうが自然のように思えます。さらに、ここにいわれている「浅きは深きなり」の文は、「愚者こそ、本当の智者」だとする法然聖人の論理に親《した》しく、これに照らせば、

私たち凡夫《ぼんぶ》のはからいがない「無義」こそ、本当のはからい（如来のはからい）と理解するのにも、充分な理由があり、「捨てがたい」と言ったのは、こういうわけです。

中序

中序　本文

そもそも、かの御在生《ございしょう》のむかし、おなじくこころざしをして、あゆみを遼遠《りょうえん》の洛陽《らくよう》にはげまし、信《しん》をひとつにして、心《こころ》を当来《とうらい》の報土《ほうど》にかけしともがらは、同時《どうじ》に御意趣《ごいしゅ》をうけたまはりしかども、そのひとびとにともなひて念仏申《ねんぶつもう》さるる老若《ろうにゃく》、そのかずをしらずおはしますなかに、上人《しょうにん》（親鸞）の仰《おお》せにあらざる異義《いぎ》どもを、近来《きんらい》はおほく仰《おお》せられあうて候《そうろ》ふよし、伝《つた》へうけたまはる。いはれなき条々《じょうじょう》の子細《しさい》のこと。

（註釈版八三七～八三八頁、聖典六三〇頁）

私訳

思い起こしてみると、親鸞聖人がご存命だったころに、同じ志《こころざし》をもって、はるばる関東から京都の親鸞聖人のもとに歩いて赴《おもむ》き、一味《いちみ》の信心として、ともに真実報土への往生を願った仲間たちは、その場で、みな同じお言葉を頂戴《ちょうだい》したのです。その人たちに付き従って念仏申す身となられた方々は、今や、老いも若きもを問わず、数えきれないほど多くの人数となりました。ところが、その中で、この近年になって、親鸞聖人の仰《おお》せとは異なった考えを、さまざまに言い合っているように伝え聞いています。そこで、そういう誤った考えの一つひとつを、これから詳しく申し述べようと思います。

唯円も関東から来た一人

『歎異抄』の第二条では、関東の同行《どうぎょう》が、はるばる京都の親鸞聖人のもとに命がけで訪ねて来たことが書かれていました。そして、その一行《いっこう》の中に、当の唯円《ゆいえん》自身が含まれていたとも考えられます。それは、この「中序《ちゅうじょ》」の記載によって、そう思われるのです。

第二条だけならば、はるばる関東から赴《おもむ》いた一行の中に唯円がいたのか、あるいは唯円はすでに京都の親鸞聖人の所にいて、関東からの同行たちを親鸞聖人とともに迎えて、その場に同席していたのかは、定かに判断することはできません。しかし、この「中序」という唯円自身の序文に、自らの回顧として、「おなじくこころざしをして、あゆみを遼遠《りょうえん》の洛陽にはげまし、（中略）同時に御意趣《ごいしゅ》をうけたまはりし（同じ志をもって、はるばる関東から京都の親鸞聖人のもとに赴き、その場で、みな同じお言葉を頂戴した）」と述べられていることから、「あゆみを遼遠にはげまし」た一行の中に、唯円自身がいたと考えられるのです。第二条で示された場面の中で、唯円はどこにいたのかという疑問は、この「中序」によって判明します。

ただ、『歎異抄』の原型が、現在残されている「蓮如書写本」の通りであったかどうかがわかりません。『歎異抄』の原型について、佐藤正英先生は、もともとの原型は第十一条から第十八条までが先で、第一条から第十条までが後だと見ておられます。私自身は、佐藤先生の説すべてに賛成はしていませんが、第十一条から第十八条までのほうが先ではないかという点には賛意を抱いています。
「後序《ごじょ》」の文中に見られる、
大切《たいせつ》の証文《しょうもん》ども、少々ぬきいでまゐらせ候《そうろ》うて、目《め》やすにして、この書に添《そ》へまゐらせて候《そうろ》ふなり。（註釈版八五三頁、聖典六四〇頁）
の「大切の証文」とは何かということが、これまでも議論されてきました。大別すれば、
①もともとはあったのだが、現在は散逸《さんいつ》している。
②「師訓篇《しくんへん》」としての第一条から第十条を指す。
③今の「後序」の文にすぐ続く「聖人のつねの仰《おお》せには」の部分を指す。
④巻末に付録として付けられている「流罪記録《るざいきろく》」を指す。
の四説です。なかなか決着はつきにくいのですが、第十一条から第十八条までが先にあったとする佐藤先生の見方からすれば、②の立場で説明がつきます。

さらに強調しておきたいのは、「後序」に、「いづれもいづれも繰《く》り言にて候《そうら》へども」（註釈版八五二頁、聖典六三九頁）という語があることです。この語より前に第一条から第十条までがある現状の構成では、親鸞聖人の語録をも「繰り言」とすることになり、いくら何でも不遜《ふそん》です。そう考えると、第一条から第十条までは、「後序」より後にあるべきで、「後序」の後に「大切の証文」として扱われ、さらに「流罪記録」が続くと想像しているわけです。

つまり、もともとの形では、現在の「中序《ちゅうじょ》」が当初の「序」として一番初めにあり、ついで「異

義篇」「後序」と続き、その後に、根拠となる「大切の証文」が「師訓篇」として置かれ、最後に付録として「流罪記録」を載せていたのではないかと思うのです。

しかし、親鸞聖人の語録は最初に置くべきだとの思いがはたらき、「師訓篇」「中序」「異義篇」「後序」「流罪記録」の順に並べ替え、この構成に改めた後、全体の「序」として漢文の「前序《ぜんじょ》（総序）」を新たに付け加えて、現在の形になったものと、私は想定しています。

なお、この改訂が、蓮如《れんにょ》上人による書写《しょしゃ》の段階でなされたとは考えていません。その理由は、最後になって付け加えた漢文体の「前序（総序）」の冒頭に、「ひそかに愚案《ぐあん》を回《めぐ》らして」とあるからで、「愚案」とは著者自身が自らをへりくだって述べる語ですから、書写した人（この場合、蓮如上人）が付け加えて言いうる語ではないのです。つまり、著者唯円自身によって、漢文体の「序」を冠頭《かんとう》に置き、「覚書《おぼえがき》」から「聖教《しょうぎょう》」へと体裁を整えたと想像しているわけです。ただこれは、あくまで私見にすぎません。

私の『歎異抄』理解は、構成の原型については、佐藤正英《まさひで》先生の考え方に、ほぼ賛同しています。もともとは、この「中序」が最初の序文として書かれ、そして、具体的な異義（誤まった考え方）と、それへの批判としての「異義篇」があり、それを「後序《ごじょ》（後跋《ごばつ》）」をもって結び、その後に、「大切の証文《しょうもん》」として「師訓篇《しくんへん》」が置かれ、最後に「流罪《るざい》記録」があったと想像しているのです。佐藤先生と違うのは、現行の漢文体の「前序（総序）」は最初からあったものではなく、「師訓篇」と呼ばれる親鸞聖人の語録部分を先に持ってくることで「聖教《しょうぎょう》」の扱いとし、そのため、全体の序文として新たに漢文体で書き加えられたと考えています。

この仮説が当たっているとしたら、唯円自身が関東から訪ねて来た弟子たちの中に加わっていたことは、最初の「中序」においてすでに示されているので、「大切の証文」として後に置かれた第二条の場面において、唯円はどちらの位置にいたのか（関東から赴いた門弟《もんてい》の側か、京都の親鸞聖人の側か）という疑問が起こる余地はないのです。聖人の語録として、「師訓篇」を先に持ってきたために、第二条を先に読むこととなり、そのため右のような疑問が起こってくると考えています。

ともかくも、第二条のほうを先に目にする私たち現在の読者からすると疑問に思われる、唯円の居場所については、この「中序」の前半部分によって解明されます。

言葉リレーの危うさ

次に私が注目したいのは、後半部分の、

同時に御意趣《ごいしゅ》をうけたまはりしかども、そのひとびとにともなひて念仏申さるる老若、（中略）上人の仰《おお》せにあらざる異義どもを、近来はおほく仰せられあうて候《そうろ》ふ

（同じ場所、同じ時間に、みな同じお言葉を頂戴し、そして、その人たちに付きしたがって念仏申す身となった多くの人たちが、この近年になって、親鸞聖人の仰せとは異なった考えを、さまざまに言い合っている）

の文です。直接親鸞聖人のお言葉に出あいながら、直接出あった人から次の人へと伝わり、さらにまた次の人へと伝わっていく過程で、親鸞聖人がおっしゃっていた内容とは異なってしまうことが述べられています。

「口伝《くでん》」は、教えを受け継ぐ上で、当時の伝統的かつ正当とされる手法でしたが、その危険性を如実《にょじつ》に指摘しているのです。

子どものころ、小学校で「言葉リレー」というゲームが行われたことがありました。七、八人を一つの班として、何班かに分かれ、各班の先頭の人だけに、それほど長くはなく、またあまり短かくもない文章が書かれた紙を見せて、次の人、次の人へと、こっそり耳元で伝えながらリレーしていくのです。そして各班の最後の人が、自分の聞いた文章を黒板に書いて、どの班が一番正確に伝わったかを競うゲームです。「ああ、あった、あった」と懐かしく思い出される方も多いでしょう。最初に提示された文章が、リレーの途中でどんどん変わってしまい、最後には、およそ原型をとどめない、とんでもない文章になっていたものです。実は、これが、「口伝」の危うさです。

蓮如《れんにょ》上人の「御文章《ごぶんしょう》」の画期的意義は、この点にあると私は思っています。紙に書くことによって、間違いなく、正確に伝わるのです。口伝《くちづた》えでは、どれだけ正確に伝わるかは危なっかしいですよね。もちろん、小学生と同じとは言いませんが、一〇〇パーセントの正確性は保証できないでしょう。その点、「御文章」は、蓮如上人自身が直接お書きくださったものですから、一〇〇パーセント間違いありません。仮に写本として写される場合でも、現物が目の前にあるのですから、点検や確認ができます。口伝えと比べて、正確さが格段に違います。

そして、この「御文章」が各地の講中《こうちゅう》に届けられ、その講中では、代表の人が、「御文章」を声に出して読み上げるのです。すると、その場は、一瞬にして、蓮如上人のサテライト講義の場になるのです。蓮如上人という超一級のカリスマ講師による、サテライト講義です。そのような画期的先進性が、「御文章」にはあると思うのです。

私の想像にすぎませんが、蓮如上人による「御文章」という伝道方法の創出の発端は、蓮如上人が『歎異抄』を書写された時、この「中序」に示されたような誤った考え方が生じる事態を通して口伝の危うさを認識され、文書化して正しく伝えていく方法を思いつかれたのではないかと考えています。あるいは門弟の要望や勧めもあったでしょう。

そして、わかりやすい平易な文章で、法義の要点を定型化してお書きくださったことで、難解な仏教や真宗の教義の底辺が、一気に広がったわけです。現代のように識字率が高くなかった時代では、難解な仏教書を理解できる人は、きわめて少なかったと思われます。それを、蓮如上人という超一流のお方が、平易なお言葉で、手紙として届けてくださることで、その講中の場では、字の読める人が一人いれば、みんなが理解できる、という仕掛けになっているのです。

いずれにしても、「口伝」が常識で、また正当とされていた時代にあって、「御文章」という文書化の創出の意義は大きいものがあります。もちろん、親鸞聖人にも「御消息《ごしょうそく》」の先例があり、従来からも、蓮如上人の「御文章」は、親鸞聖人の「御消息」を承《う》けられたと指摘されています。しかし、親鸞聖人の「御消息」は、たとえば「造悪無礙《ぞうあくむげ》」などの、いわば個別の事例に対する個別限定的な教示が中心であるのに対し、蓮如上人の「御文章」は、個別事例というよりは、むしろ、法義の普遍的な内容を平易な形で定型化し、伝え弘めていく目的で書かれたと思われ、そこには、独自の創意があると考えています。そして、そのきっかけの一つが、『歎異抄』を書写される中で、この「中序」の文に出あわれたことにあるのではないかと想像しているのです。

「中序」の最後には、「いはれなき条々《じょうじょう》の子細《しさい》のこと」の語があります。『歎異抄』の「歎異」たるゆえん、根拠のない誤った考えのいくつかについて、続く第十一条から第十八条にわたって、詳しく批判していかれることになります。

第十一条

第十一条　本文

一　一文不通《いちもんふつう》のともがらの念仏申《ねんぶつもう》すにあうて、「なんぢは誓願不思議《せいがんふしぎ》を信《しん》じて念仏申《ねんぶつもう》すか、また名号不思議《みょうごうふしぎ》を信《しん》ずるか」といひおどろかして、ふたつの不思議《ふしぎ》を子細《しさい》をも分明《ぶんみょう》にいひひらかずして、ひとのこころをまどはすこと。この条《じょう》、かへすがへすもこころをとどめて、おもひわくべきことなり。

誓願《せいがん》の不思議《ふしぎ》によりて、やすくたもち、となへやすき名号《みょうごう》を案《あん》じいだしたまひて、この名字《みょうじ》をとなへんものをむかへとらんと御約束《おんやくそく》あることなれば、まづ弥陀《みだ》の大悲大願《だいひだいがん》の不思議《ふしぎ》にたすけられまゐらせて、生死《しょうじ》を出《い》づべしと信《しん》じて、念仏《ねんぶつ》の申《もう》さるるも如来《にょらい》の御《おん》はからひなりとおもへば、すこしもみづからのはからひまじはらざるがゆゑに、本願《ほんがん》に相応《そうおう》して、実報土《じっぽうど》に往生《おうじょう》するなり。これは誓願《せいがん》の不思議《ふしぎ》をむねと信《しん》じたてまつれば、名号《みょうごう》の不思議《ふしぎ》も具足《ぐそく》して、誓願《せいがん》・名号《みょうごう》の不思議《ふしぎ》ひとつにして、さらに異《こと》なることなきなり。つぎにみづからのはからひをさしはさみて、善悪《ぜんあく》のふたつにつきて、往生《おうじょう》のたすけ・さはり、二様《ふたよう》におもふは、誓願《せいがん》の不思議《ふしぎ》をばたのまずして、わがこころに往生《おうじょう》の業《ごう》をはげみて申《もう》すところの念仏《ねんぶつ》をも自行《じぎょう》になすなり。このひとは、名号《みょうごう》の不思議《ふしぎ》をもまた信《しん》ぜざるなり。信《しん》ぜざれども、辺地懈慢《へんじけまん》・疑城胎宮《ぎじょうたいぐ》にも往生《おうじょう》して、果遂《かすい》の願《がん》（第二十願）

――のゆゑに、つひに報土《ほうど》に生《しょう》ずるは、名号不思議《みょうごうふしぎ》のちからなり。これすなはち、誓願不思議《せいがんふしぎ》のゆゑなれば、ただひとつなるべし。

（註釈版八三八～八三九頁、聖典六三〇～六三一頁）

私訳

一、文字の一つさえ読めずとも、素直に念仏を称《とな》えている人たちに対して、「そなたは、誓願の不思議を信じて念仏申しているのか、それとも名号の不思議を信じて念仏申しているのか」と、ことさらに脅《おど》かして、誓願と名号との二つの不思議のおいわれを詳しく説明もせず、人々の心を惑《まど》わせているとのことと聞く。これは、よくよく考えて、わきまえておかねばならない問題である。

阿弥陀仏の「誓願」の不思議なはたらきによって、私たちがたもちやすく称《とな》えやすい「名号《みょうごう》」という方法を、お考えくださいました。そして、その「名号」を称える者を必ず浄土に迎え取ると、「お約束」「お誓い」くださっているのです。したがって、まず一つには、阿弥陀仏の大慈悲と大誓願の不思議によって救われ、この迷いの世界から抜け出ることができることが素直に受け入れられ、そして念仏申す身にならせていただいたのは、ひとえに阿弥陀仏のおはからいであると思えた時、そこには自らのはからいを微塵《みじん》も雑《まじ》えないのですから、阿弥陀仏の本願にかない、真実報土《ほうど》に往生するのです。このことは、「誓願の不思議」をひとすじに信じるところには、自ずと「名号《みょうごう》の不思議」も具《そな》わっているということであり、だから、「誓願の不思議」と「名号の不思議」とは一つであって、けっして別々のものではないのです。

第二には、自らのはからいを雑《まじ》え、自らの善が往生の助けになると考えたり、自らの悪が往生の妨《さまた》げになると考えたりするような理解では、「誓願の不思議」にまかせることなく、そのため、往生するための行業《ぎょうごう》を自分で努力しようと、自力の念仏になってしまいます。こういう人は、自ずと、「名号《みょうごう》の不思議」を信じることもできません。

しかし、今は信じていない人でも、「念仏」することによって、化土《けど》と呼ばれる浄土ではあっても、そこに往生して、その後、「果遂《かすい》の願」という「誓願」のはたらきによって、ついには真実報土《ほうど》に往生できるのは、「念仏」という「名号不思議」の力と、「果遂の願」という「誓願不思議」の力によるのであり、ここにおいても、「名号の不思議」と「誓願の不思議」とは、ただ一つと知られるのです。

「名号」をめぐる誤解

ここから、『歎異抄』の『歎異抄』たるゆえん、当時の誤った考え方を歎《なげ》かれた「異義篇」へと移ってきます。

まず、最初に取り上げられた「歎異」は、文字もよく読めないような者が素直にお念仏を喜んでいるのに、「誓願の不思議を信じるのか、名号の不思議を信じるのか」といったふうに、わざわざ難問をふっかけて困らせる者がいるというものです。

この状況には、二通りのレベルがあるように思います。

一つは、本人は充分わかっていても、わざと人を困らせて、自分の知識をひけらかし、相手に対して優位に立とうとするあり方です。このレベルの人たちだったら、覚如上人《かくにょしょうにん》の『口伝鈔《くでんしょう》』に出てくる「三つの髻《もとどり》」（註釈版八八九頁、聖典六六一頁）の中の、「勝他《しょうた》」と「名聞《みょうもん》」に当たるといえるでしょう。自らの知識をひけらかして、学識の高い人だと思われたい「名聞」とともに、自分のほうが偉いと他人を見下そうとする「勝他」でもあります。唯円《ゆいえん》が批判する人たちにも、こういう意識があっただろうとは思いますが、「異義篇」の中で取り上げられているからには、二つ目のレベル、理解そのものが間違っていると考えられます。

先哲は、この異義者たちを、本来別々のものではない本願（誓願）と名号とを別のものと考える、「誓名別信計《せいみょうべっしんけい》の異義」と称しています。この考え方が、どう間違っているかについてを考える前に、「名号」をめぐる誤解が、いつの時代でも、さまざまに形を変えて現れてくることについて、少し脱線のようにはなりますが、二つの例を考えてみたいと思います。

考えておきたい一つ目の事例は、「三業惑乱《さんごうわくらん》」の際の「三業派」の理解です。「三業惑乱」について、その概略を申し述べておきます。江戸時代後期、北陸地方に、「無帰命安心《むきみょうあんじん》」という異義が発生しました。「絶対他力の法義として、すでに私たちの往生は決まっているのだから、今さら帰命する必要はない」といった異義です。「これは、とんでもない」ということで、当時の教学上の責任者が、異義の鎮圧に向かいました。「無帰命なんて言語道断。もっと真剣に、身口《しんく》意《い》の三業にわたって帰命しなければならない」（ここから「三業派」と呼ばれるようになりました）という論理によって、異義を鎮圧しました。「無帰命」という重度の異安心《いあんじん》を治療しようとしたためなのでしょうが、極端な「劇薬」を用いたために、重大な「副作用」が起こってしまいました。身口意の三業という、自分の力が往生に関わる「自力を認める」論理になってしまったのです。当初は、「無帰命安心」を押さえこんだことで黙認されていましたが、この「自力性」が問題にならないはずはなく、当然のように激論が交わされることとなりました。振り子が逆に振れすぎて、「異義」の批判が、また別の「異義」になってしまったのです。この論争が、学問上の議論に止《とど》まらなくなり、暴動にまで発展し、それが徳川幕府の権力介入を招き、その果てに、「百日間の閉門」を命ぜられるという大打撃となったのが、「三業惑乱」事件です。

この「三業派」の人たちは、身口意の三業をもって「阿弥陀さま、お助けください」とお願いしなければならないと主張しましたから、お願いする対象としては、「名号」ではなく、阿弥陀仏という人格的「覚体《かくたい》」（仏のすがた）だという論理を立てたのです。「阿弥陀仏」という「覚体」と、「救いの法」としての「名号」とは、別々に離すことはできないのに、それを分けてしまったのが、「三業派」の過《あやま》ちでした。こんにち「安心論題《あんじんろんだい》」の中に「所帰人法《しょきにんぽう》」の論題があるのは、三業惑乱の時に、こういう安心上の問題が起こったからです。「所帰」、すなわち帰命の対象が、「人（覚体としての阿弥陀仏）」なのか、「法（阿弥陀仏が仕上げてくださった救いの法としての名号）」なのかを究明する論題です。興味のある方は、内藤知康和上《わじょう》の『安心論題を学ぶ』（本願寺出版社、二〇〇四年）などをご覧ください。

別々ではない名号・絵像・木像

二つ目の事例は、『蓮如上人御一代記聞書《れんにょしょうにんごいちだいききがき》』にある次の言葉をめぐっての理解です。

他流《たりゅう》には、名号《みょうごう》よりは絵像《えぞう》、絵像よりは木像《もくぞう》といふなり。当流《とうりゅう》には、木像よりは絵像、絵像よりは名号といふなり。（註釈版一二五三頁、聖典八六八頁）

とあります。このお言葉をもって、「浄土真宗の本尊は、名号だけが本物で、絵像や木像は偽物である」と主張する人たちがいます。

たしかに、先の蓮如上人のお言葉の表面だけを見れば、そのように思われるかもしれませんが、蓮如上人の意図は、はたしてそういうものなのでしょうか。

最初の一文、「他流には、名号よりは絵像、絵像よりは木像といふなり」は、他流の論理を述べたものです。阿弥陀仏の最も詳細なお姿は「木像」で、「絵像」や「名号」は、それぞれ、さらに簡略化されたものにすぎないとする考えです。これに対し、「当流では、そういう論理はとりませんよ」という、価値観の違いを明確にするのが、第二文の趣旨です。

蓮如上人が、本当に、「絵像」や「木像」を偽物だと考えておられたのなら、それらを本尊とすることはありえないでしょう。しかし、蓮如上人が建立《こんりゅう》された山科《やましな》本願寺には、「木像」がご本尊として安置されていたことが、記録から判明しています。「木像」や「絵像」が、けっして偽物でないことは明白です。

それでもなお、「名号」には特別の意義があることも確かです。それは、第十八願成就文《じょうじゅもん》に、

その名号を聞きて信心歓喜せんこと、乃至一念せん。（『無量寿経』註釈版四一頁、聖典四四頁）
（聞其名号《もんごみょうごう》、信心歓喜《しんじんかんぎ》、乃至一念）

とあるように、私たちの仏因《ぶついん》である信心の生起《しょうき》には、名号を聞くことのみが関わるのであって、私たちが直接出あっているのは、よび声としての「名号」だということです。

だからといって、「名号」だけが本物で、「絵像」や「木像」が偽物で低級だ、とするわけではありません。これらを分けて別々のものと考えることが誤りなのです。

「名号」には、先に申しましたように、『無量寿経』第十八願成就文という経典の根拠がありますし、「絵像」「木像」は、『観無量寿経』第七華座観《しちけざかん》において韋提希《いだいけ》の前に現れ出られた「住立空中尊《じゅうりゅうくうちゅうそん》」（『観無量寿経』註釈版九八頁、聖典一〇一頁）を、お姿としてあらわしたものですから、「名号」も、「絵像」「木像」も、どちらにも経典上の根拠があります。したがって、どちらかが本当で、どちらかが嘘だということはないのです。「木像」「絵像」は、お姿を形にしたもので、「名号」は、はたらきを文字であらわしたものです。したがって、それぞれは別のものではありません。「木像」や「絵像」に向かえば、そこに、よび声としての阿弥陀仏のはたらきを味わうのであって、「名号」に向かう時には、よび声として届いてくださっている阿弥陀仏に思いを寄せるのです。このように両者が離れな

い関係性を、「名体不二《みょうたいふに》（よび声としての名号と、覚体としての阿弥陀仏とは、別のものではない）」と言い習わしており、自力迷妄《めいもう》の分別《ふんべつ》心によって仏を理解しようとしてはなりません。

ちなみに、お寺の本堂では、内陣《ないじん》に出勤された僧侶方は、ご本尊には横から礼拝することになりますから、立体的なお姿としての「木像」を安置します。一方、家庭の仏壇では、正面から礼拝しますから、「絵像」を安置します。「木像」と「絵像」は、用途に応じた違いにすぎません。他流の論理のように、詳細か簡略かという優劣の次元の話ではないのです。

「誓名別信計《せいみょうべっしんけい》」といわれる異義にも、このような、本来離れない本願（誓願）と名号とを別々に分けて扱うという、同質の誤りがあります。

設計図と製品と性能の関係

唯円は、「誓願の不思議」と「名号の不思議」とを、別々のものと考えている人たちに対して反論していきます。まず一つは、

誓願《せいがん》の不思議《ふしぎ》によりて、やすくたもち、となへやすき名号《みょうごう》を案《あん》じいだしたまひて、この名字《みょうじ》をとなへんものをむかへとらんと御約束《おんやくそく》あることなれば、

（註釈版八三八頁、聖典六三〇頁）

です。ここでは、「誓願の不思議」と「名号の不思議」とが別々のものではないことについて、まず、総論的に示されています。

「誓願」の不思議によって、称《とな》えやすくたもちやすい「名号」の不思議が仕上がったと言われ、これは、「誓願の不思議」によって「名号の不思議」が生じたということです。

第二には、「名号を称える者は、必ず浄土に往生できる」ということで、「名号の不思議」こそは、「御約束《おんやくそく》」という「誓願の不思議」を前提としており、名号と誓願は切り離すことができないものだということです。

これは、「設計図」と「製品」と「性能」との関係に譬えられます。

どんなものでもよいのですが、たとえば、テレビを開発しようということになったとします。すると、まず、「設計図」から取りかからねばなりません。「アンテナが要《い》る」、「液晶画面が要る」などと、さまざまに頭をはたらかせて「設計図」を作成します。その「設計図」に基《もと》づいて、部品を集め、回路をつないで組み立てていく作業を重ねると、ついに、テレビという「製品」ができあがります。そして、そのテレビには、電波を受け取って画像を映すという「性能」があるのです。ごく当たり前の過程を申しましたが、「設計図」と「製品」と「性能」は、別々に切り離すことはできません。「設計図」がなければ「製品」はできあがりませんし、「製品」も「性能」も、「設計図」に基づいています。「設計図」通りに「製品」ができあがり、その「製品」には、「設計図」で描いた通りの「性能」があるのです。

これを、『歎異抄』の文章に当てはめてみましょう。

阿弥陀仏が、私たち凡夫・悪人を、どうやって救おうかと、五劫《ごこう》という長い間、思案に思案を重ねて作成された「設計図」が、「四十八《しじゅうはち》願（「誓願」）」でした。四十八頁に及ぶ大部《たいぶ》な「設計図」のうち、第十七頁には、衆生《しゅじょう》を救うための方法として、よび声の仏となって救おうとの「設計図」が書かれています。これが「第十七願」という「誓願」です。この「設計図」に基づいてできあがった「製品」が、「名号」でした。ここまでのところが第一文「誓願の不思議によりて、やすくたもち、となへやすき名号を案じいだしたまひて」ということになります。

そして、「名号」という「製品」の「性能」については、第十八頁に記されていて、そこでは、この「名号」を聞信《もんしん》する者は、本願を喜ぶ身に育てられ、念仏申す身（「名字をとなへんもの」）に育てられ、必ず浄土に往生させていただく（「むかへとらん」）という「性能」が書き記されています。これが、第二文の「この名字をとなへんものをむかへとらんと御約束あることなれば」に当たります。

このように、「誓願の不思議」と「名号の不思議」については、「設計図」と「製品」と「性能」とが不可分であるように、「誓願」と「名号」は切り離すことができないものです。

親鸞聖人の言葉にある、「仏願《ぶつがん》の生起本末《しょうきほんまつ》」（「信文類」註釈版二五一頁、聖典二四〇頁）の「本末」とは、「因本《いんぽん》」・「果末《かまつ》」の義とされ、法蔵菩薩《ほうぞうぼさつ》という因位《いんに》における「誓願の不思議」が「因本」、阿弥陀仏として正覚《しょうがく》を取られ、衆生救済の方法として名号を成就された「名号の不思議」が「果末」です。したがって、この両者は、もともと切り離せないものです。それを、別々であるかのように扱い、「誓願不思議を信じるのか、名号不思議を信じるのか」と、ことさらに難題をふっかけて、人々を惑わしていることを「歎異」されているのです。

庄松を助くる

　ことさらに難題をふっかけて人々を惑わす事例はいくつもあるもので、かつて、讃岐国《さぬきのくに》（今の香川県）に、庄松《しょうま》さんという有名な妙好人《みょうこうにん》がおられました。時代も時代ですから、庄松さんは、字がほとんど読めなかったそうです。しかし法義については、この人の右に出る者はいないと、皆が認め、尊敬していました。ところが、やっかむ人もいるもので、「皆がちやほやしているが、本当は字も読めないんだ。いつか、やりこめてやろう」と、悪巧《わるだく》みを計画しました。「庄松さん、庄松さん、あなたのお領解《りょうげ》を聞かせてもらいたい」ともちかけ、「このお経を読んでくださらんか」と、『無量寿経』下巻をわざと上下逆さまに手渡すのです。何も知らない庄松さんは、上下逆さまのまま受け取って、うやうやしく頂戴《ちょうだい》して、経典を開きます。「しめしめ、これで庄松さんの化けの皮が剝《は》がれるぞ」と、ほくそ笑んでいました。ところが、庄松さんは、逆さまのまま経典を開くと、やおら、「庄松を助くる。庄松を助くる」と読み上げたそうです。字が読めなくても、庄松さんは、法義の本質を聞き取っておられたのです（『庄松ありのままの記』）。

　こういういやがらせをして、わざと小難しい難題をふっかける人たちは、いつの時代にも、どこにでもいるものです。いいえ、これは他人事ではありません。学識の高い人だと思われたい「名聞《みょうもん》」や、他人を見下し、他人より優位に立ちたがる「勝他《しょうた》」の思いは、私たちの中にも、ふつふつと湧いてくるのです。しかし、少なくとも、法義を自らの手柄《てがら》に利用するような「名聞」や「勝他」の振る舞いは、厳にいましめねばなりません。私たちの学問は、そんなことのためにあるのではないのです。

念仏申す身に育てられる

まづ弥陀《みだ》の大悲大願《だいひだいがん》の不思議《ふしぎ》にたすけられまゐらせて、生死《しょうじ》を出《い》づべしと信《しん》じて、念仏《ねんぶつ》の申《もう》さるるも如来《にょらい》の御《おん》はからひなりとおもへば、すこしもみづからのはからひまじはらざるがゆゑに、本願《ほんがん》に相応《そうおう》して、実報土《じっぽうど》に往生《おうじょう》するなり。これは誓願《せいがん》の不思議《ふしぎ》をむねと信《しん》じたてまつれば、名《みょう》号《ごう》の不思議《ふしぎ》も具足《ぐそく》して、誓願《せいがん》・名号《みょうごう》の不思議《ふしぎ》ひとつにして、さらに異《こと》なることなきなり。

（註釈版八三八～八三九頁、聖典六三〇～六三一頁）

ここからの具体的な立証は、自力を雑《まじ》えないあり方です。

「本願を信じ、念仏申す身にならせていただいたのは、すべて阿弥陀仏の独《ひと》りばたらきであったと気づいた者は、自力の思いが微塵も雑っていないので、本願のおこころにかない、真実の報土（この上ないさとりの世界）に往生させていただく」と言われます。ここでは、「誓願の不思議（「大悲大願の不思議」）」によって迷いを出《い》づると信じさせていただいた身には、自ずと「念仏が申され」、「実報《じっぽう》土《ど》に往生する」という「名号の不思議」が具足《ぐそく》しているのであって、これが、自力を雑えない身における、「誓願・名号の不思議ひとつ」のあり方だということです。

親鸞聖人が書かれた『教行信証《きょうぎょうしんしょう》』の「信文類《しんもんるい》」に、

真実《しんじつ》の信心《しんじん》はかならず名号《みょうごう》を具《ぐ》す。

（註釈版二四五頁、聖典二三六頁）

と示されるのは、まさしく、この意です。阿弥陀仏の「本願」を、そのまま受け入れた身には、心においては、「真実信心」という歓喜《かんぎ》の心として、はたらいてくださり、口を通しては、「南無阿弥陀仏」という「念仏（「名号」）」として、はたらいてくださっているのです。「真実信心」とは、ただ頭の中で「わかっている」だけではありません。「念仏申す」という実践の身に育てられるのです。「必ず救う。我にまかせよ」との、およびかけに、「はい、ありがとうございます」と、報恩感謝の念仏が申されるのです。

これにこだわるのも自力

つぎにみづからのはからひをさしはさみて、善悪《ぜんあく》のふたつにつきて、往生《おうじょう》のたすけ・さはり、二様《ふたよう》におもふは、誓願《せいがん》の不思議《ふしぎ》をばたのまずして、わがこころに往生《おうじょう》の業《ごう》をはげみて申《もう》すところの念仏《ねんぶつ》をも自行《じぎょう》になすなり。このひとは、名号《みょうごう》の不思議《ふしぎ》をもまた信《しん》ぜざるなり。信《しん》ぜざれども、辺地懈慢《へんじけまん》・疑城胎宮《ぎじょうたいぐ》にも往生《おうじょう》して、果遂《かすい》の願《がん》（第二十願）のゆゑに、つひに報土《ほうど》に生《しょう》ずるは、名号不思議《みょうごうふしぎ》のちからなり。これすなはち、誓願不思議《せいがんふしぎ》のゆゑなれば、ただひとつなるべし。

（註釈版八三九頁、聖典六三一頁）

「つぎに」からは、「まづ」として述べられた「自力を雑《まじ》えないあり方」の反対の内容として、「自力を雑えたあり方」においても、「誓願の不思議」と「名号の不思議」とが離れないことをあらわしています。

自らの善が往生の助け（「往生のたすけ」）になると信じる「信福心《しんぷくしん》」や、自らの悪業は往生の妨《さまた》げ（「往生のさはり」）になると信じる「信罪心《しんざいしん》」は、どちらも自力心です。

自らの善行を誇り、自らの善行に、往生における何らかの効果を期待することは、阿弥陀仏の本願にすべてをおまかせする思いではありませんし、こんな罪深い身では往生できないという思いも、「必ず救う」という本願を疑っていることになるのです。このような、「誓願の不思議を信じない」者は、念仏についても、必然的に、自分が称《とな》えるという自らの力にこだわった行為なので、「名号の不思議も信じない」こととなり、「自力を雑えたあり方」の場合においても、「誓願の不思議」と「名号の不思議」とは不可分となるのです。

そして、最後の一段においては、「誓願の不思議」と「名号の不思議」を今は信じられていない者でも、「名号」を称えることによって、化土《けど》（この上ないさとりの世界である報土《ほうど》ではなく、辺土《へんど》とも呼ばれ、浄土往生の本当の目的が果たせない浄土）ではあっても、浄土には往生（難思往生《なんじ》）できます。それは「名号の不思議」であり、その後、五百年ともいわれる遠い先でも、いつかは報土往生（難思議往生《なんじぎ》）を果たし遂げることができるのは、「果遂の願」という「誓願の不思議」によっているのです。この場合も、「誓願・名号の不思議」は、ただ一つということです。

最後に、「誓願・名号同一の事」と題される親鸞聖人の消息のお言葉で締めくくっておきましょう。

誓願《せいがん》・名号《みょうごう》と申《もう》してかはりたること候《そうら》はず。誓願《せいがん》をはなれたる名号《みょうごう》も候《そうら》はず、名号《みょうごう》をはなれたる誓願《せいがん》も候《そうら》はず候《そうろ》ふ。かく申《もう》し候《そうろ》ふも、はからひにて候《そうろ》ふなり。ただ誓願《せいがん》を不思議《ふしぎ》と信《しん》じ、また名号《みょうごう》を不思議《ふしぎ》と一念信《いちねんしん》じとなへつるうへは、なんでふわがはからひをいたすべき。（中略）ただ不思議《ふしぎ》と信《しん》じつるうへは、とかく御《おん》はからひあるべからず候《そうろ》ふ。（註釈版七八一頁、聖典六〇五頁）

（誓願・名号といっても、何も違ってはいません。誓願を離れた名号もなく、名号を離れた誓願もないのです。こういうことにこだわっているとしたら、それも自力のはからいというべきでしょう。ただ誓願の不思議を信じ、名号の不思議を信じて念仏申す上においては、何のはからいを雑《まじ》える必要があるでしょうか。誓願や名号の不思議を信じさせていただいたこの身において、わがはからいを雑えてはなりません）

とのお示しで、「誓願も名号も、けっして別のものではない」とおっしゃっています。ただし、この問題にいつまでも深入りしていては、「かく申し候ふも、はからひにて候ふなり」と、親鸞聖人に叱られるかもしれませんね。あまりこだわらないように、それでも、心得だけは、きちんとさせていただいて、言い惑わされることのないように、心の基礎固めはしておきましょう。

第十二条

第十二条　本文

一　経釈《きょうしゃく》をよみ学《がく》せざるともがら、往生《おうじょう》不定《ふじょう》のよしのこと。この条《じょう》、すこぶる不足言《ふそくごん》の義《ぎ》といひつべし。

他力真実《たりきしんじつ》のむねをあかせるもろもろの正教《しょうぎょう》は、本願《ほんがん》を信《しん》じ念仏《ねんぶつ》を申《もう》さば仏《ぶつ》に成《な》る。そのほか、なにの学問《がくもん》かは往生《おうじょう》の要《よう》なるべきや。まことに、このことわりに迷《まよ》へらんひとは、いかにもいかにも学問《がくもん》して、本願《ほんがん》のむねをしるべきなり。経釈《きょうしゃく》をよみ学《がく》すといへども、聖教《しょうぎょう》の本意《ほんい》をこころえざる条《じょう》、もつとも不便《ふびん》のことなり。一文不通《いちもんふつう》にして、経釈《きょうしゃく》の往《ゆ》く路《じ》もしらざらんひとの、となへやすからんための名号《みょうごう》におはしますゆゑに、易行《いぎょう》といふ。学問《がくもん》をむねとするは聖道門《しょうどうもん》なり、難《なん》行《ぎょう》となづく。あやまつて学問《がくもん》して名聞《みょうもん》・利養《りよう》のおもひに住《じゅう》するひと、順次《じゅんじ》の往生《おうじょう》、いかがあらんずらんといふ証文《しょうもん》も候《そうろ》ふべきや。当時《とうじ》、専修念仏《せんじゅねんぶつ》のひとと聖道門《しょうどうもん》のひと、法論《ほうろん》をくはだてて、「わが宗《しゅう》こそすぐれたれ、ひとの宗《しゅう》はおとりなり」といふほどに、法敵《ほうてき》も出《い》できたり、謗法《ほうぼう》もおこる。これしかしながら、みづからわが法《ほう》を破謗《はほう》するにあらずや。たとひ諸門《しょもん》こぞりて、「念仏《ねんぶつ》はかひなきひとのためなり、その宗《しゅう》あさし、いやし」といふとも、さらにあらそはずして、「われらがごとく下根《げこん》の凡夫《ぼんぶ》、一文不通《いちもんふつう》のものの、信《しん》ずればたすかるよし、うけたまはりて信《しん》じ候《そうら》へば、さらに上根《じょうこん》のひとのためにはいやしくとも、われらがためには最上《さいじょう》の法《ほう》にてまします。たとひ自余《じよ》の教《きょう》法《ぼう》すぐれたりとも、みづからがためには器量《きりょう》およばざれば、つとめがたし。われもひとも、生死《しょうじ》をはなれんことこそ、諸仏《しょぶつ》の御本意《ごほんい》にておはしませば、御《おん》さまたげあるべからず」とて、にくい気《げ》せずは、たれのひとかありて、あだをなすべきや。かつは諍論《じょうろん》のところにはもろもろの煩悩《ぼんのう》おこる、智者遠離《ちしゃおんり》すべきよしの証文候《しょうもんそうろ》ふにこそ。故聖人《こしょうにん》（親鸞）の仰《おお》せには、「この法《ほう》をば信《しん》ずる衆生《しゅじょう》もあり、そしる衆生《しゅじょう》もあるべしと、仏説《ぶっと》きおかせたまひたることなれば、われはすでに信《しん》じたてまつる。またひとありてそしるにて、仏説《ぶっせつ》まことなりけりとしられ候《そうろ》ふ。しかれば、往生《おうじょう》はいよいよ一定《いちじょう》とおもひたまふなり。あやまつてそしるひとの候《そうら》はざらんにこそ、いかに信《しん》ずるひとはあれども、そしるひとのなきやらんともおぼえ候《そうら》ひぬべけれ。かく申《もう》せばとて、かならずひとにそしられんとにはあらず。仏《ぶつ》の、かねて信謗《しんぼう》ともにあるべきむねをしろしめして、ひとの疑《うたがい》をあらせじと、説《と》きおかせたまふことを申《もう》すなり」とこそ候《そうら》ひしか。今《いま》の世《よ》には、学文《がくもん》してひとのそしりをやめ、ひとへに論義問答《ろんぎもんどう》むねとせんとかまへられ候《そうろ》ふにや。学問《がくもん》せば、いよいよ如来《にょらい》の御本意《ごほんい》をしり、悲願《ひがん》の広大《こうだい》のむねをも存知《ぞんじ》して、いやしからん身《み》にて往生《おうじょう》はいかがなんどあやぶまんひとにも、本願《ほんがん》には善悪《ぜんあく》・浄穢《じょうえ》なき趣《おもむき》をも説《と》ききかせられ候《そうら》はばこそ、学生《がくしょう》のかひにても候《そうら》はめ。たまたまなにごころもなく、本願《ほんがん》に相応《そうおう》して念仏《ねんぶつ》するひとをも、学文《がくもん》してこそなんどいひおどさるること、法《ほう》の魔障《ましょう》なり、仏《ぶつ》の怨敵《おんてき》なり。みづから他力《たりき》の信心《しんじん》かくるのみならず、あやまつて他《た》を迷《まよ》はさんとす。つつしんでおそるべし、先師《せんし》（親鸞）の御《おん》こころにそむくことを。かねてあはれむべし、弥《み》陀《だ》の本願《ほんがん》にあらざることを。

（註釈版八三九～八四二頁、聖典六三一～六三三頁）

私訳

一、「経典《きょうてん》や七《しち》高僧の書かれた聖教《しょうぎょう》を読み、学ばないような人たちは、浄土に往生できるかどうかわからない」などと言っている者がいるそうだが、これは、まったくもって論外な考え方だといわざるをえない。

他力真実の宗義《しゅうぎ》を明らかにしてくださっている聖教《しょうぎょう》の内容とは、「本願を信じて、念仏申す者は、必ず仏になる」ということに尽きるのです。このほかに、何の学問も往生には関係ありません。ただし、本当に、この道理がわからずに迷っているのであれば、いかようにでも学問して、ご本願のお心を知らねばなりません。経典《きょうてん》や七《しち》高僧のご解釈を読み学んでいたとしても、聖教の真意を心得ていなければ、何とも哀れなことです。

文字も満足に読めず、経典《きょうてん》や七《しち》高僧の釈義《しゃくぎ》に説かれている筋道もよくわからずにいるような私たちに、「称《とな》えやすく」との思いで、お届けくださったのが名号《みょうごう》ですから、「易行《いぎょう》」というのです。学問を第一とするのは聖道門《しょうどうもん》で、「難行《なんぎょう》」といいます。「学問を名誉や私腹のために利用するような間違った思いの者は、命終えて次の世《よ》での浄土往生はいかがなものか」という、確かな証拠となるご文《もん》もあるようです。

このごろは、専修《せんじゅ》念仏の者と聖道門の人たちが、法義論争を吹っかけて「自分の信じる教えこそが勝《すぐ》れていて、他の教えは劣っている」などという言い方をするから、敵視されることになるし、それが結果的に彼らに法を謗《そし》らせることにもなるのです。これは、自分で自分を謗っていることになるでしょう。たとえ他の宗旨《しゅうし》の人たちが、口をそろえて「念仏は能力の劣った人のための教えで、浅くて程度が低い」と言ったとしても、ことさらに言い争わず、「私たちのような能力の劣った愚かな凡夫《ぼんぶ》で、字も満足に読めないような者が、本願を信じること一つで救われるとお聞かせいただいており、能力の勝れた方々から見れば低級と思われても、私たちにとっては最上の教えなのです。他のさまざまな教えが勝れているとしても、私たちにとっては力量の及ぶところではありませんから、とても実行できません。私にとっても、あなたさまにとっても、ともに迷いを離れることこそが諸仏方《しょぶつがた》のお心なのですから、私たちが念仏することを、どうか妨《さまた》げずにおいてくださいませんか」と、敵対的な素振りを見せずにおけば、誰も私たちを攻撃することはないでしょう。同様に、「言い争いをすれば、いろんな煩悩《ぼんのう》が湧《わ》き起こってくるものなので、智慧《ちえ》ある者は、そういう争いからは離れておきなさい」との、証拠となるご文《もん》もあるのです。

今は亡き親鸞聖人は、次のようにおっしゃっていました。「この念仏の教えには、信じる者もいれば謗《そし》る者もいると、仏説としての経典に説かれている。いま私は、この法を信じさせていただいている。ということは、謗る者がいることによって、仏説に説かれている通りだと、仏説の確かさが証明されるのです。したがって、同時に、信じる者の往生も説き示しておられるのだから、私たちの往生も間違いないことがわかるというものです。万一、謗る人がいなかったとしたら、どうして信じる人ばかりで謗る人がいないのだろうか、仏説は本当なのだろうかと、かえって心配になるでしょう。そうはいっても、必ず謗られなさいというのではありません。この仏説は、信じる者も謗る者もいるということをあらかじめ説き示し、人々に疑心を抱かせないように、お説きくださったものなのです」ということでした。

今の時代においては、学問をして他人の謗《そし》りをやめさせ、議論や問答が重要だと身構えているのでしょうか。学問をすることによって、ますます如来のお心を知り、大悲の誓願がいかに広大であるかをも知り、「こんなつまらない身では、とても往生なんてできない」と思っているような人に対して、阿弥陀如来のご本願においては、善悪や浄穢《じょうえ》の区別などない道理を説き示してこそ、学問の本懐といえるでしょう。それなのに、たまたま何のはからい心もなく、本願のお心にかなって念仏している人に、「学問してこそ往生できる」などと言って脅かしているような者は、法を妨げる悪魔の所業《しょごう》であり、仏敵でもあります。自らが他力の信心を欠いているだけでなく、他人をも惑わす誤った行為です。親鸞聖人に対し、謹《つつし》んで怖れなければなりません。聖人のお心に背いているからです。同時に悲しむべきことです。阿弥陀如来のご本願と異なっているからです。

〝論外〟という最大級の批判

第十一条から始まる「異義篇」では、すべて、冒頭は、問題の提示から始まります。唯円《ゆいえん》が、「嘆《なげ》かわしい」と嘆息《たんそく》された、誤まった考え方を、まず俎上《そじょう》に乗せるのです。

この第十二条では、「学問をしないような者は、往生できるかどうかわからない」と言っている人たちを問題視します。

「不足言《ふそくごん》」とは、「少し言葉足らずですね」といった軽いものではありません。「言うに足らず」、すなわち、「論外だ」という最大級の批判をあらわす言葉です。『西方指南抄《さいほうしなんしょう》』という、親鸞聖人が法然聖人の言葉などをまとめられた聖教《しょうぎょう》の中に、この「不足言」という語があり、そこに、親鸞聖人は、カタカナで小さく「マフスニタラズ」と、訓《よ》みや意味を書き記しておられます。唯円も、同じ意味で用いているはずです。

どうして「論外」なのかというと、学問は、できる人とできない人とがあり、また、深い浅いの度合いも、人によって千差万別であって、大きく異なります。往生の因について、人によってあり方が違うものを持ち出すのは、自力の論理となります。ですから、けっして認められません。「論外」なのです。

親鸞聖人の言葉としてまとめられた「師訓篇《しくんへん》」の第二条に、

南都北嶺《なんとほくれい》にもゆゆしき学生《がくしょう》たちおほく座《おわ》せられて候《そうろ》ふなれば、（註釈版八三二頁、聖典六二六頁）
と、学問上のことが知りたければ、奈良や比叡山《ひえいざん》に行くがよかろうと言われるのは、「往生極楽《おうじょうごくらく》のみち」（『歎異抄』第二条、註釈版八三二頁、聖典六二六頁）に、学問は関わらないことをあらわしていると考えられます。唯円の思いとしては、第二条は、この第十二条の根拠としての「大切《たいせつ》の証文《しょうもん》」（『歎異抄』後序、註釈版八五三頁、聖典六四〇頁）の位置づけであったのではないかと想像しています。

学問を往生の条件とするのは論外として、それなら、学問の意味と意義はどこにあるのでしょう。これらについて、以下、唯円の説明を聞くことにしましょう。

「信心」や「念仏」も条件ではない

他力真実の法義は次の一文に尽きる、と唯円は断言します。

本願を信じ念仏を申さば仏に成る。（註釈版八三九頁、聖典六三一頁）

まさしく、浄土真宗の法義は、この一文に尽きます。なぜかというと、この一文は、『無量寿経』に説かれている第十八願の内容を凝縮しているからです。第十八願には、

たとひわれ仏を得たらんに、十方の衆生、至心信楽してわが国に生ぜんと欲ひて、乃至十念せん。もし生ぜずは、正覚を取らじ。（註釈版一八頁、聖典一八頁）

（設我得仏、十方衆生、至心信楽、欲生我国、乃至十念、若不生者、不取正覚）

と説かれています。これを『歎異抄』の言葉と重ねてみると、

本願を信じ　……至心信楽《ししんしんぎょう》欲生《よくしょう》我国《がこく》
念仏を申さば……乃至《ないし》十念《じゅうねん》
仏に成る　……若不生者《にゃくふしょうじゃ》不取正覚《ふしゅしょうがく》

となるでしょう。だからこそ、

そのほか、なにの学問かは往生の要なるべきや。
（註釈版八三九頁、聖典六三一頁）

と、その他のことは何の用事もないのが当流の法義であり、そのため、「学問をしない者は往生できない」という言い分には何の根拠もないと、一刀両断に切り捨てられるのです。

まさに、明快そのもの。私が初めてこの文章に出あった時、思わず唸《うな》ってしまったことを思い出します。

「信心」と「念仏」以外には、何の用事もないのが、私たちの法義です。学問だけでなく、戒律《かいりつ》も禅定《ぜんじょう》も、往生の条件には一切関わらないのです。さらにいえば、「信心」や「念仏」も、往生の「条件」ではありません。阿弥陀仏が、私たち衆生《しゅじょう》を、どうやって救おうかと五劫《ごこう》の間、思惟《しゆい》を重ねられた結果が、「本願を信じ念仏申す身に育て、そして、その者を必ず浄土に迎え取ろう」との設計図として願を建てられて、今の私たちは、その設計図通りの身に育てられているのです。つまりは、「信心」も「念仏」も、「条件」ではなく、阿弥陀仏の救いが設計図通りに届いた証《あかし》ということです。「信じて救われる」「念仏して救われる」、こういう条件構造で理解されがちですが、けっしてそう

ではありません。繰り返しますが、救いが届いた「証《あかし》」なのです。

そもそも私たちは、条件を課せられても、それを果たすことなどできないでしょう。時間的にも、明日がわからない身ですから、間に合わないことが起こりえます。さらには、私の場合、仮に時間があったとしても、学問や戒律などが条件指定されたら、とてもついていけません。このように、時間的にも能力的にも、私が救われない事態になりますから、阿弥陀仏が誓われた「十方衆生《じっぽうしゅじょう》を等しく救う」という願いは果たされなくなってしまいます。ですから、私の側には何の用事もいらない、他力回向《えこう》の救いを完成してくださったのです。

それなら、学問は何のためにあるのでしょうか。唯円の答えは、以下のように続きます。

まことに、このことわりに迷へらんひとは、いかにもいかにも学問して、本願のむねをしるべきなり。

（註釈版八三九頁、聖典六三一頁）

本願のこころを理解できず、あるいは間違って受け取っているとしたら、そこを間違えないように学問するのです。それが学問の目的であって、往生を目的として学問があるのではありません。その一番肝心なところを取り違えていたのでは、何のための学問か、何とも嘆かわしいことです。そのことを、

経釈《きょうしゃく》をよみ学《がく》すといへども、聖教《しょうぎょう》の本意《ほんい》をこころえざる条《じょう》、もつとも不便《ふびん》のことなり。

（註釈版八三九〜八四〇頁、聖典六三一頁）

という一文として示されているのです。

学問は何のため？　それは、本願のこころを、間違って受け取らないようにするための厳しいチェックといえるでしょう。自ら喜び、その喜びを人へも伝えていく立場のお互いが、本願のこころとかけ離れたものであってはなりません。あるいは、私たちの小賢《こざか》しい理性や感性で本願を疑ってかかっている者こそ、納得いくまで、しっかり学問する必要があるのです。

学問には、右のような厳しさがありますが、反面、楽しい一面もあると思います。それは、旅行の時に車窓から眺める景色のようなものです。

旅行に行く時に、いろいろなガイドブックを調べて、途中には、こんな景色、あんな景色と、列車の窓から、外の景色を眺めるのも旅行の楽しみの一つです。

京都から東京に新幹線で行く場合、私はたいてい寝ている時間が多いのですが、それでも浜名湖が見えたり、富士川と一緒に雲のないきれいな富士山が見えたりすると、今日はラッキーだと思います。さらには、新横浜の駅を出てしばらくしてトンネルに入る直前に、左手の小高い丘に、四男が藉を置く大学の校舎と校章が一瞬だけ見えるのも、私の密かな楽しみです。

浄土に向かう、阿弥陀仏の「弘誓《ぐぜい》のふね」に乗せられての旅ですから、いろいろな聖教を読ませていただいておくと、浄土への旅路がもっともっと楽しめます。聖教や学問の楽しさは、こんなところにもあるように思うのですが、みなさんは、どう思われるでしょうか。

名号は「よび声」

一文不通《いちもんふつう》にして、経釈《きょうしゃく》の往《ゆ》く路《じ》もしらざらんひとの、となへやすからんための名号《みょうごう》におはしますゆゑに、易行《いぎょう》といふ。　（註釈版八四〇頁、聖典六三一頁）

「南無阿弥陀仏」の名号は、なぜ称《とな》えやすい「易行《いぎょう》」といえるのでしょう。字数が少ないからでしょうか？　たしかに、「南無妙法蓮華経《なむみょうほうれんげきょう》」の唱題《しょうだい》や「南無大師遍照金剛《なむだいしへんじょうこんごう》」の宝号《ほうごう》よりもわずかに字数は少ないですが、これらも、いわゆる「易行」の位置づけです。「南無妙法蓮華経」の唱題は、『妙法蓮華経』（『法華経』）という経典の題目《だいもく》を唱《とな》えれば、経典《きょうてん》全体の功徳《くどく》がこもると考えるのですから、これも一つの「易行」といえるでしょうし、「南無大師遍照金剛」の宝号も、最も短い経典という扱いですから、これも経典読誦《どくじゅ》の「易行」といえるでしょう。

しかし、「南無阿弥陀仏」の名号は、これらのこととは決定的に異なる点があります。それは、「よび声」だということです。

生まれて間もない赤ちゃんは、まだ言葉がしゃべれません。しばらくして「バーブー、バーブー」などという音声を発しますが、まだ言葉ではありません。それが突然、お母さんに向かって「ママ」と言うのです。これは、それまでずっと、お母さんが、「私がママよ」と優しくよびかけ続けていたからでしょう。赤ちゃんは、その声を聞き続け、お母さんの愛情やぬくもりに気づき、思わずほほ笑んで、声をもって応《こた》えているわけです。赤ちゃんに、お母さんの愛情が届いた証拠です。

私たちも、かねて、よびづくめの阿弥陀仏の慈悲のぬくもりに思わず気づいたところで、「南無阿弥陀仏」と声になっているのです。何も、私たちが発声の仕事をしているのではありません。「となへやすからんための名号」とは、こちらが称える仕事をするのではなく、お慈悲が届いたら声になって現れるという仕掛け、そういう設計図になっているのです。それが、「南無阿弥陀仏」の名号ならではの特別な「易行」であり、それが、「他力のもよおし」なのです。

「本願を信じ、念仏申す」という設計図通りに歩んでいけばよいのです。それは、どんな「一文不《いちもんふ》通《つう》」の者にも通じます。「わかって救われる」のでもなく、「学問して救われる」のでもありません。

あやまつて学問《がくもん》して名聞《みょうもん》・利養《りよう》のおもひに住《じゅう》するひと、順次《じゅんじ》の往生《おうじょう》、いかがあらんずらんとい

ふ証文《しょうもん》も候《そうろ》ふべきや。

（註釈版八四〇頁、聖典六三一頁）

最後の、「証文《しょうもん》も候《そうろ》ふべきや」については、親鸞聖人の御消息《ごしょうそく》に、法然《ほうねん》聖人のお言葉として、

文沙汰《ふみざた》して、さかさかしきひとのまゐりたるをば、「往生《おうじょう》はいかがあらんずらん」と、たしかにうけたまはりき。

（註釈版七七一頁、聖典六〇三頁）

（学者ぶって、小賢《こざか》しい人がやってくるのをご覧になると、「あんなことでは、浄土往生はいかがなものだろうか」と、確かにおっしゃっていました）

とあるのを指すと考えられています。

「重病人には、お粥が一番」

たとひ諸門《しょもん》こぞりて、「念仏《ねんぶつ》はかひなきひとのためなり、その宗《しゅう》あさし、いやし」といふとも、さらにあらそはずして、「われらがごとく下根《げこん》の凡夫《ぼんぶ》、一文不通《いちもんふつう》のものの、信《しん》ずればたすかるよし、うけたまはりて信《しん》じ候《そうら》へば、さらに上根《じょうこん》のひとのためにはいやしくとも、われらがためには最上《さいじょう》の法《ほう》にてまします。たとひ自余《じょ》の教法《きょうほう》すぐれたりとも、みづからがためには器量《きりょう》およばざれば、つとめがたし。

（註釈版八四〇頁、聖典六三一～六三二頁）

念仏者が自信や誇りを持つことは大事なことですが、それが高じて法義論争を吹っかけると、争いのもとになりかねません。宗教テロや宗教戦争は、お互いが正義を主張して、争いに発展するのです。聖道門の人たちから「念仏は低級な教えだ」と批判されても、ムキになって反論すると、争いがエスカレートして、かえって敵視され、彼らに謗法罪《ほうぼうざい》を誘発させることにもなりかねません。そんな時は、「勝《すぐ》れた人たちから見れば低級だと思われるかもしれませんが、私たちのような凡夫《ぼんぶ》にとっては、これが最上の教えであって、聖道《しょうどう》の教えには力量が及びません」と穏やかに、そしてなおかつ、心には誇りをもって答えるようにしなさい、とたしなめています。

どんなに聖道門の法義が勝れていたとしても、凡夫に通じない法義では、最上の法ではありません。老人や病人は、どんなにご馳走《ちそう》でも、脂濃《あぶらこ》いものだったり、かたかったりすると、受けつけません。

高熱で食欲もなくてヒーヒーいっている人には、いかに栄養があるといっても、ステーキや鰻丼やケーキバイキングを並べられても、とても食べられません。

覚如《かくにょ》上人が、法然聖人の言葉などをまとめた『拾遺古徳伝《しゅういことくでん》』には、「重病人には、お粥《かゆ》が一番」という譬えがあります。極悪最下《ごくあくさいげ》の重病人には、念仏の教えしかないのです。「正信偈」にも、「極重《ごくじゅう》悪人唯称仏《あくにんゆいしょうぶつ》（極重の悪人は、ただ仏《ぶつ》を称《しょう》すべし）」とあります。それが、「みづからがためには器量およばざれば、つとめがたし」です。

一合《いちごう》の徳利《とっくり》には、一升《いっしょう》のお酒は入りません。私たち一合の器には、八万の法蔵《ほうぞう》だの、聖道門の難行だの、あれこれ詰めこもうとしても、とても入りません。しかも、この私たち一合の器には、あらゆる徳がすべてこめられた名号法《みょうごうほう》で、すでに満杯なのです。満杯の容器に、まだ水を詰めこもうというのは、どだい無理な話です。そんな研究をいくらやっても無意味です。

この一節にも、最後に証文《しょうもん》が引かれます。

諍論《じょうろん》のところにはもろもろの煩悩おこる、智者遠離《ちしゃおんり》すべきよしの証文

（註釈版八四〇～八四一頁、聖典六三二頁）

と示されています。この「証文」とは、直接には、法然聖人が書かれた『七箇条制誡《しちかじょうせいかい》』でしょう。

そこには、

諍論《じょうろん》の処《ところ》には、諸《もろもろ》の煩悩起こる。智者《ちしゃ》これを遠離《おんり》すべきこと百由旬《ひゃくゆじゅん》なり。いわんや一向念仏の行人《ぎょうにん》においてをや。

とあります。

これをさかのぼれば、『往生要集《おうじょうようしゅう》』に引かれる『宝積経《ほうしゃくきょう》』まで辿れます（註釈版八四一頁、脚注）が、直接には先の『七箇条制誡』でしょう。

「百由旬《ひゃくゆじゅん》」とは、相当な距離です。「一由旬」は、帝王が一日で行軍《こうぐん》する距離と考えられていますので、現代の感覚では二〇〇キロメートルくらいでしょうか。「百由旬」は、その百倍です。少々離れているくらいではまだ危ないので、巻き込まれる可能性がないくらいまで、とことん離れておきなさい、と言われるのです。相手に、念仏の法を謗《そし》らせることになれば、彼らに謗法罪を犯させることになります。自らが誤るだけでなく、彼らにも過《あやま》ちを起こさせる、そのような事態は避けねばならないからです。

仏説が予知させる二つの意義

故聖人《こしょうにん》（親鸞）の仰《おお》せには、「この法《ほう》をば信《しん》ずる衆生《しゅじょう》もあり、そしる衆生《しゅじょう》もあるべしと、仏説《ぶっと》きおかせたまひたることなれば、われはすでに信《しん》じたてまつる。またひとありてそしるにて、仏《ぶっ》説《せつ》まことなりけりとしられ候《そうろ》ふ。しかれば、往生《おうじょう》はいよいよ一定《いちじょう》とおもひたまふなり」。

（註釈版八四一頁、聖典六三二頁）


仏説（経典）には、信じる人もいれば謗る人もいると示されていることについて、親鸞聖人は二通りの意義があるとおっしゃっていた、と師説を紹介される一段です。

まず一つ目の意義とは、謗る人がいることは、すでに仏説で説かれていることなので、かえって仏説の確かさを証明しており、そのことは同時に自身の往生の確かさも証明してくれていると心強く受け止めなさい、とのご教示です。私たちは、褒《ほ》められたり同調されることで初めて自信がつくものです。したがって、謗られると不安になってしまいがちですが、自身の往生に確証が持てないと悩むよりも、謗る人の存在が、かえって自身の往生を証明しているではないですかと、きわめてポジティブな反転攻勢の論理を展開されています。

次に、

「……仏《ぶつ》の、かねて信謗《しんぼう》ともにあるべきむねをしろしめして、ひとの疑《うたがい》をあらせじと、説《と》きおかせたまふことを申《もう》すなり」とこそ候《そうら》ひしか。（註釈版八四一頁、聖典六三二頁）

二つ目の意義とは、「お念仏の法義はつまらん」と言って謗《そし》る者がいたら、「本当につまらないのだろうか」と思ってしまうかもしれません。そうなってはいけないので、「謗る者がいる」ことを、あらかじめ知らせて、しかし、そのことは、法義の信用には一切関わらないことを伝えようとする仏説なのだというわけです。「信じる人も、謗る人もいる」とは、法義がいい加減だからという法の側の問題ではなく、私たち衆生には信じる者も謗る者もいるという、機の側（衆生）の問題であると言われるのです。謗る者がいるからといって、自信が持てないということになってはいけませんよ、とわざわざ説きおかせくださったのです。それが、「ひとの疑《うたがい》をあらせじと、説きおかせたまふ」ということです。
このような親鸞聖人の言葉を承《う》けて、覚如上人《かくにょ》は『報恩講私記《ほうおんこうしき》』の中で、
信謗《しんぼう》ともに因《いん》となりて同《おな》じく往生浄土《おうじょうじょうど》の縁《えん》を成《じょう》ず
（註釈版一〇七〇頁、聖典七四〇頁）
と、親鸞聖人のお徳を讃嘆《さんだん》されるのです。

「自信教人信」と「自障障他」

今《いま》の世《よ》には、学文《がくもん》してひとのそしりをやめ、ひとへに論義問答《ろんぎもんどう》むねとせんとかまへられ候《そうろ》ふにや。学問《がくもん》せば、いよいよ如来《にょらい》の御本意《ごほんい》をしり、悲願《ひがん》の広大《こうだい》のむねをも存知《ぞんじ》して、いやしからん身《み》にて往生《おうじょう》はいかがなんどあやぶまんひとにも、本願《ほんがん》には善悪《ぜんあく》・浄穢《じょうえ》なき趣《おもむき》をも説《と》ききかせられ候《そうら》はばこそ、学生《がくしょう》のかひにても候《そうら》はめ。

（註釈版八四一頁、聖典六三二頁）


最後に唯円《ゆいえん》は、学問を志す者のあり方について、三つの類型を示します。

その一は、「勘違い」とでもいうべきあり方です。

学問によって人の誇りをやめさせ、議論や問答ばかりに気を配って身構えるあり方です。私も、若くて元気のいいころは、そういう変な使命感みたいなものがあったかもしれないと反省します。お念仏が軽く見られたら、「いや、そんなことはない」とムキになって、言い返してやろうというような、思い上がったところがあったかもしれないと自省するのです。「学問は、そんなことのためにあるの

ではない」と唯円は言います。かえって争いのもととなり、彼らに対して謗法罪の引き金になりかねないというのです。それなら、私たちは、どうしたらいいのか。それが第二の類型です。

学問の本懐とは何かというと、「こんなつまらない身では往生できない」と思っている人がいたら、阿弥陀仏の広大な慈悲を懇切に説き示し、本願は、善悪・浄穢の区別なくすべての者を平等に救ってくださることを知らせるところにある、というのです。相手を打ち負かすことが学問の本意ではありません。仏の慈悲を喜び、また、それを伝えることができたら、それ以上の学問の本望はないのです。まさしく「学仏大悲心（仏の大悲心を学ぶ）」（七祖篇二九八頁、聖典一四七頁）の生き方で、それが「学《がく》生《しょう》のかひ」というものです。

せっかく学問が楽しく、才能にめぐまれているのだったら、それを間違った方向に使わないことです。血気にはやって論争をふっかけても得るものはありません。慈悲を喜ぶ姿こそが、人々の獲信《ぎゃくしん》につながるのです。まさしく、「自信教人信《じしんきょうにんしん》（みづから信《しん》じ人《ひと》を教《おし》へて信《しん》ぜしむ）」（七祖篇六七六頁、真聖全一・六六一頁）の生き方です。自ら信ずるその姿が、人の信を導くのです。

第三の類型は、最悪のあり方です。第二の類型のような学問の本分からかけ離れ、素直に念仏している人に対して「学問しなければ往生できない」などと脅かして、人々に不安を抱かせているような、この条の冒頭に掲げた誤った考え方です。

善導大師《ぜんどうだいし》に、「自障障他《じしょうしょうた》」（七祖篇六六〇頁、真聖全一・六五二頁）というお言葉があり、親鸞聖人は、善導大師の和讃に、

西路《さいろ》を指受《しじゅ》せしかども　自障《じしょう》障他《しょうた》せしほどに
曠劫以来《こうごういらい》もいたづらに　むなしくこそはすぎにけれ

（註釈版五九三頁、聖典四九七頁）

（西方浄土への道を説き示してくださっているのに、自障障他の生き方を送っていたために、曠劫という長い長い間を、むなしく過ごしてきたのです）

と詠《よ》まれています。先の「自信教人信」とは正反対のあり方です。

そして、この「自障障他」の語について、「わが身を障《さ》へ、ひとを障へ乱るなり」と左訓《さくん》を施されています。自分自身が迷い続けるだけでなく、他者をも迷わせるあり方を批判されるのです。

たまたまなにごころもなく、本願《ほんがん》に相応《そうおう》して念仏《ねんぶつ》するひとをも、学文《がくもん》してこそなんどいひおどさるること、法《ほう》の魔障《ましょう》なり、仏《ぶつ》の怨敵《おんてき》なり。みづから他力《たりき》の信心《しんじん》かくるのみならず、あやまって他《た》を迷《まよ》はさんとす。つつしんでおそるべし、先師《せんし》（親鸞）の御《おん》こころにそむくことを。かねてあはれむべし、弥陀《みだ》の本願《ほんがん》にあらざることを。

（註釈版八四一～八四二頁、聖典六三二～六三三頁）

唯円は、親鸞聖人が厳しく誡《いまし》められた、このような「自障障他」の人たちのことを「法の魔障、仏の怨敵」とまで述べ、そして、「宗祖のお心に背き、弥陀の本願に背く」と、最大級の批判の言葉で結んでいます。

第十三条

第十三条　本文

一　弥陀《みだ》の本願《ほんがん》不思議《ふしぎ》におはしませばとて、悪《あく》をおそれざるは、また本願《ほんがん》ぼこりとて、往生《おうじょう》かなふべからずといふこと。この条《じょう》、本願《ほんがん》を疑《うたが》ふ、善悪《ぜんあく》の宿業《しゅくごう》をこころえざるなり。

よきこころのおこるも、宿善《しゅくぜん》のもよほすゆゑなり。悪事《あくじ》のおもはれせらるるも、悪業《あくごう》のはからふゆゑなり。故聖人《こしょうにん》（親鸞）の仰《おお》せには、「卯毛《うもう》・羊毛《ようもう》のさきにゐるちりばかりもつくる罪《つみ》の、宿業《しゅくごう》にあらずといふことなしとしるべし」と候《そうら》ひき。

またあるとき、「唯円房《ゆいえんぼう》はわがいふことをば信《しん》ずるか」と、仰《おお》せの候《そうら》ひしあひだ、「さん候《ぞうろ》ふ」と、申《もう》し候《そうら》ひしかば、「さらば、いはんことたがふまじきか」と、かさねて仰《おお》せの候《そうら》ひしあひだ、つつしんで領状《りょうじょう》申《もう》して候《そうら》ひしかば、「たとへばひと千人《せんにん》ころしてんや、しからば往生《おうじょう》は一定《いちじょう》すべし」と、仰《おお》せ候《そうら》ひしとき、「仰《おお》せにては候《そうら》へども、一人《いちにん》もこの身《み》の器量《きりょう》にては、ころしつべしともおぼえず候《そうろ》ふ」と、申《もう》して候《そうら》ひしかば、「さてはいかに親鸞《しんらん》がいふことをたがふまじきとはいふぞ」と。「これにてしるべし。なにごともこころにまかせたることならば、往生《おうじょう》のために千人《せんにん》ころせといはんに、すなはちころすべし。しかれども、一人《いちにん》にてもかなひぬべき業縁《ごうえん》なきによりて、害《がい》せざるなり。わがこころのよくてころさぬにはあらず。また害《がい》せじとおもふとも、百人《ひゃくにん》・千人《せんにん》をころすこともあるべし」と、仰《おお》せの候《そうら》ひしかば、われらがこころのよきをばよしとおもひ、悪《あ》しきことをば悪《あ》しとおもひて、願《がん》の不思議《ふしぎ》にてたすけたまふといふことをしらざることを、仰《おお》せの候《そうら》ひしなり。そのかみ邪見《じゃけん》におちたるひとあつて、悪《あく》をつくりたるものをたすけんといふ願《がん》にてましませばとて、わざとこのみて悪《あく》をつくりて、往生《おうじょう》の業《ごう》とすべきよしをいひて、やうやうにあしざまなることのきこえ候《そうら》ひしとき、御消息《ごしょうそく》に、「薬《くすり》あればとて、毒《どく》をこのむべからず」と、あそばされて候《そうろ》ふは、かの邪執《じゃしゅう》をやめんがためなり。まつたく、悪《あく》は往生《おうじょう》のさはりたるべしとにはあらず。持戒持律《じかいじりつ》にてのみ本願《ほんがん》を信《しん》ずべくは、われらいかでか生死《しょうじ》をはなるべきやと。かかるあさましき身《み》も、本願《ほんがん》にあひたてまつりてこそ、げにほこられ候《そうら》へ。さればとて、身《み》にそなへざらん悪業《あくごう》は、よもつくられ候《そうら》はじものを。また、「海《うみ》・河《かわ》に網《あみ》をひき、釣《つり》をして、世《よ》をわたるものも、野山《のやま》にししをかり、鳥《とり》をとりて、いのちをつぐともがらも、商《あきな》ひをし、田畠《でんばく》をつくりて過《す》ぐるひとも、ただおなじことなり」と。「さるべき業縁《ごうえん》のもよほさば、いかなるふるまひもすべし」とこそ、聖人《しょうにん》（親鸞）は仰《おお》せ候《そうら》ひしに、当時《とうじ》は後世者《ごせしゃ》ぶりして、よからんものばかり念仏申《ねんぶつもう》すべきやうに、あるいは道場《どうじょう》にはりぶみをして、なんなんのことしたらんものをば、道場《どうじょう》へ入《い》るべからずなんどといふこと、ひとへに賢善精進《けんぜんしょうじん》の相《そう》を外《ほか》にしめして、内《うち》には虚仮《こけ》をいだけるものか。願《がん》にほこりてつくらん罪《つみ》も、宿業《しゅくごう》のもよほすゆゑなり。されば善《よ》きことも悪《あ》しきことも業報《ごうほう》にさしまかせて、ひとへに本願《ほんがん》をたのみまゐらすればこそ、他力《たりき》にては候《そうら》へ。『唯信抄《ゆいしんしょう》』にも、「弥陀《みだ》いかばかりのちからましますとしりてか、罪業《ざいごう》の身《み》なればすくはれがたしとおもふべき」と候《そうろ》ふぞかし。本願《ほんがん》にほこるこころのあらんにつけてこそ、他力《たりき》をたのむ信心《しんじん》も決定《けつじょう》しぬべきことにて候《そうら》へ。おほよそ悪業煩悩《あくごうぼんのう》を断《だん》じ尽《つ》してのち、本願《ほんがん》を信《しん》ぜんのみぞ、願《がん》にほこるおもひもなくてよかるべきに、煩悩《ぼんのう》を断《だん》じなば、すなはち仏《ぶつ》に成《な》り、仏《ぶつ》のためには、五劫思惟《ごこうしゆい》の願《がん》、その詮《せん》なくやましまさん。本願《ほんがん》ぼこりといましめらるるひとびとも、煩悩《ぼんのう》・不浄具足《ふじょうぐそく》せられてこそ候《そうろ》うげなれ。それは願《がん》にほこらるるにあらずや。いかなる悪《あく》を本願《ほんがん》ぼこりといふ、いかなる悪《あく》かほこらぬにて候《そうろ》ふべきぞや。かへりて、こころをさなきことか。

（註釈版八四二～八四五頁、聖典六三三～六三五頁）

私訳

一、「阿弥陀仏の本願が不可思議で超え勝《すぐ》れているからといって、どんな悪業《あくごう》をも怖《おそ》れないのは、『本願ぼこり』という本願に甘える行いであり、それでは往生できない」と言うような者たちが、また、いるようだが、そのような考えは、本願を疑っているのであり、善悪について、過去からの業縁によるという「宿業」を心得てもいない。

善《よ》い心が起こるのも、過去の善い行いが、そうさせているのであり、悪いことを思うのも、過去の悪い行いが、そうさせているからです。今は亡き親鸞聖人は、「うさぎの毛や羊の毛のような、きわめて細い毛の先についた、微細な塵《ちり》ほどのような小さな罪であっても、『宿業』という『過去の業《ごう》縁《えん》』に依《よ》らないものはない」との仰《おお》せでありました。

また、ある時、親鸞聖人が、「唯円房は、私のいうことを信じるか」と尋ねられるので、「はい、もちろんのことです」と答えると、「それなら、これから言うことに背《そむ》かないな」と重ねておっしゃるので、「謹《つつし》んで承諾いたします」と申しました。すると、「たとえば、こう言ったらどうだ。人を千人殺してみよ。そうすれば往生は間違いないだろう」とおっしゃったのです。私は、「聖人の仰《おお》せではありましても、私のような者では、一人たりとも殺すことなどできません」と申し上げますと、「それならなぜ、さっき、私の言うことに背かないと申したのか」と問い詰められました。そして続けて、「これでわかったであろう。何事においても思うように実行できるのなら、往生のために千人殺せといわれたら、すぐにでも殺せるはずだ。しかし、一人としても人を殺める《あや》業縁《ごうえん》がないので、殺害できなかったのだ。自分が善《よ》い心を持っているから殺さなかったのではない。逆に、殺すつもりなどなくても、百人や千人も殺めてしまうこともあるだろう」とおっしゃったのです。このことは、私たちが、善い心を持つことによって往生でき、悪いことをすると往生できない、などと思っているとすれば、それは本願不思議のお救いを知らないでいることにほかならない、との仰せだったのです。

かつて、誤った考えに陥《おちい》った人がいて、悪を行った者をお救いくださる本願であるからといって、わざと悪事をはたらき、それこそが往生できる行いだと主張し、さまざまに悪い評判が聞こえています。親鸞聖人が、お手紙の中に、「いくら薬があるからといって、わざわざ好んで毒を飲んではならない」とお書きになったのは、彼らのような誤った考えを、やめさせるためであって、悪が往生の妨げとなることは、けっしてありません。「戒律を守ることによってのみ、本願を信じることができるのなら、私たちは、どうやって迷いから抜け出せるでしょう」とも仰せになっておられます。このようなあさましい身ですが、阿弥陀仏の本願に遇《あ》わせていただいたからこそ、本願を誇ることができるのです。だからといって、もともと自分が持ち合わせていないような悪い行いは、とてもできるものではありません。

また、親鸞聖人は、「海や河で網を引いたり釣りをして生業《なりわい》とする者もいるし、野山で獣《けもの》や鳥を捕って生業とする者もいれば、商売や農作業で暮らす者もいて、あり方は違っても、罪業《ざいごう》については、みな同じなのだ」とも仰せでありました。

「しかるべき縁にもよおされたら、どんな行いでもしてしまうだろう」と、親鸞聖人はおっしゃっていました。そうであるのに、このごろは、いかにも往生を願う殊勝《しゅしょう》な人間のように振る舞って、善人だけが念仏者になれると言ったり、あるいは、念仏の道場に、「これこれのことをした者は、入場を禁止する」といった張り紙をする者がいると聞きます。こういう人たちは、ただ外見だけ、賢く善行《ぜんぎょう》に励む姿を見せるのみで、その実、内面は、嘘《うそ》・偽《いつわ》りばかりなのです。本願に甘えて造った罪も、過去の行いによって、引き起こされているのですから、善も悪も、ただ過去の行いの報《むく》いと受け止め、ただ、ひとすじに本願におまかせするのが、「他力」なのです。

『唯信鈔《ゆいしんしょう》』にも、「阿弥陀仏に、どれほどのお力があると知って、自分は罪深く、とても救ってはいただけない、などと思うのであろう」と示されています。本願を誇る思いがあるからこそ、本願他力におまかせする信心が決定したのです。自らの悪業や煩悩を滅し尽くしてから本願を信じるのなら、今さら本願を誇る思いなど必要ないでしょう。煩悩を滅してしまえば、もう成仏しているのであり、阿弥陀仏にとっては、五劫《ごこう》の間ご思惟《しゆい》くださった誓願も、何の意味もなくなってしまうでしょう。「本願ぼこり」を批判する人たちも、煩悩や不浄にまみれているように見受けます。そういう人たちも、本願を誇る以外に何があるのでしょう。どのような悪を「本願ぼこり」といい、どんな悪なら「本願ぼこりでない」といえるのでしょう。「本願ぼこり」を批判する人たちは、かえって考えが幼いのではないでしょうか。

「往生できない」は自力心

一見すると、「あれっ」と思われた方がいるかもしれません。「悪人正機《しょうき》の法義なのだから、どんな悪いことをしても往生できる」という、造悪無礙《ぞうあくむげ》の人たちを歎《なげ》いておられるのかと思いきや、「それは『本願ぼこり』として往生できない」と言っている人たちのほうを、問題視しておられるのです。「悪を怖れない本願ぼこり」を、擁護・容認しているようにさえ見え、それだったら、唯円《ゆいえん》のほうが悪人正機を誤解しているのではないかと、不審に思われたかもしれません。しかし、よく読めば、けっしてそうでないことがわかります。

唯円の論点は、①「本願を疑ふ」、②「善悪の宿業をこころえざるなり」の二点です。

「本願を疑ふ」については、ほぼ問題なく、ご理解いただけると思います。悪を怖れない者は「往生できない」などということは、私たちが決めることではありません。本願に対する越権行為であり、「悪人は往生できない」とするのは、十方衆生《じっぽうしゅじょう》すべての者を等しく救うと誓われた「本願を疑う」自力心になるのです。

親鸞聖人のご和讃に、

無明《むみょう》長夜《じょうや》の灯炬《とうこ》なり　智眼《ちげん》くらしとかなしむな
生死大海《しょうじだいかい》の船筏《せんばつ》なり　罪障《ざいしょう》おもしとなげかざれ
（『正像末和讃』註釈版六〇六頁、聖典五〇三頁）

とあり、智慧《ちえ》の眼の暗さや、罪障の重さを嘆《なげ》くのは、「無明長夜の灯炬」や「生死大海の船筏」である本願を、疑っていることになるのです。

「私は、体重が人の二倍もあるから、船や飛行機が怖くて乗れない」という人がいるでしょうか。事故に対する不安や心配はあるかもしれませんが、体重の重い・軽いが事故に関係するとは誰も思っていないはずで、普段は安心して乗っています。

かなり前に聞いた話ですが、ある人が布教のため飛行機に乗っていたところ、前の座席が新婚さんだったそうです。新婦さんは、どうやら飛行機に乗るのが初めてのようで、小さな声で、しきりに「こわい、こわい」と言っていました。それが、いざ離陸に向けてエンジンが音を立て始めると、とうとう泣き出したのです。その場を何とかしなければと思った新郎さんは、「僕がいるから、大丈夫」と言ったのです。それを聞いて、その人は、「君がいようがいまいが、落ちる時は落ちるし、落ちない時は落ちない」と思ったそうです。安心の根拠は、新郎さんにあるのではありません。飛行機に拠っています。

私たちがさとりへと至る安心の根拠は、私たちの罪障の重さに関わるのではなく、「生死大海の船筏」という本願力にあるのです。念のためにいえば、「生死大海の船筏」には、事故や不具合などはありません。

「本願を疑ふ」については、唯円も、詳しい説明は不要と考えたのでしょう。ここでは、何の説明もありません。しかし、「善悪の宿業をこころえざるなり」については、以下のように説明が続きます。

縁次第でどんな悪でも犯す身

よきこころのおこるも、宿善《しゅくぜん》のもよほすゆゑなり。悪事《あくじ》のおもはれせらるるも、悪業《あくごう》のはからふゆゑなり。故聖人《こしょうにん》（親鸞）の仰《おお》せには、「卯毛《うもう》・羊毛《ようもう》のさきにゐるちりばかりもつくる罪《つみ》の、宿業《しゅくごう》にあらずといふことなしとしるべし」と候《そうら》ひき。
（註釈版八四二頁、聖典六三三頁）

この一段は、かなり問題を含んでいると思います。

前半の、「よきこころのおこるも、宿善のもよほすゆゑなり。悪事のおもはれせらるるも、悪業のはからふゆゑなり」の部分は唯円の論理で、後半の、「故聖人の仰せには」として引かれる、「卯毛・羊毛のさきにゐるちりばかりもつくる罪の、宿業にあらずといふことなしとしるべし」は親鸞聖人のお言葉、という構成です。唯円の思いとしては、前半の自説の根拠として後半の親鸞聖人の言葉を引いているのですが、甚《はなは》だ不遜《ふそん》ながら、はたしてそうなるだろうかと、一抹の疑念を禁じえないのが、正直なところです。

一つは形式的なことですが、親鸞聖人の言葉として引かれる後半の文章について、聖人自身の著作の中からは確認できないということがあります。親鸞聖人との会話の中で聖人が語られた言葉を、唯円が覚えていたのでしょう。そうだとしたら、一言一句にわたっての正確性は保証できないように思え、意味のズレが生じる可能性があります。

いちおうは、親鸞聖人の言葉だとしても、次に意味上の問題があり、実は、こちらのほうが大きいと思っています。

前半の唯円の言い方だと、「過去世の善い行いによって現在の善い心が起こり、過去世の悪業が現在の悪事を起こさせている」という、「善因善果、悪因悪果」の論理となっているように見えます。親鸞聖人が、こういう自力の因果論を、はたしてお説きになるだろうかについて、少し考えておく必要があると思うのです。

これには、「宿業」という語の意味が問題になるでしょう。通例、「宿業」は「過去世《かこぜ》の行い」と理解され、そうすると、過去世の悪業によって現在の悪業が生じているという論理となり、唯円はまさしく、こういう使い方で理解しているようです。

しかし、この第十三条だけで見ても、親鸞聖人の言葉として引かれる他の例とは、少し趣が異なっているように感じられ、いわばこの文だけが少し浮いているのです。具体的には次の二例を見てください。

①業縁《ごうえん》なきによりて、害せざるなり。わがこころのよくてころさぬにはあらず。また害せじとおもふとも、百人・千人をころすこともあるべし　（註釈版八四三頁、聖典六三三頁）

②さるべき業縁のもよほさば、いかなるふるまひもすべし　（註釈版八四四頁、聖典六三四頁）

①の文は、親鸞聖人が、唯円に、「私の言うことは、何でもきくか」と尋ね、唯円が「もちろんです」と答えると、「それなら、千人殺してこい」と言われるので、「それは、さすがに、できません」と唯円が答えた後の、親鸞聖人の言葉です。唯円が人を殺せなかったのは、唯円が善人だからではなく「業縁」がなかったからで、逆に「業縁」があったなら、殺すつもりなどなくても人を殺《あや》めてしまうこともあるだろう、という文意です。これは、②の「さるべき業縁のもよほさば、いかなるふるまひもすべし」と同意です。

つまり、この二例では、「業縁」が整ったら何をするかわからない身であることが示されており、「自らの善い行いによって善い心が起こり、自らの悪業によって悪事をはたらく」という唯円の論理とは、少し異質に感じるのです。さらに、親鸞聖人の和讃には、

濁世《じょくせ》の起悪造罪《きあくぞうざい》は　暴風駛雨《ぼうふうしう》にことならず　（『高僧和讃』註釈版五八八頁、聖典四九四頁）

との表現があります。このご文《もん》は道綽禅師《どうしゃくぜんじ》の『安楽集』に基づいて作られていますが、末法を意識された道綽禅師は、「五濁悪世《ごじょくあくせ》」の時代にあって、悪や罪を造ることは「暴風駛雨」に異ならない、

つまり同じだと言われているのです。「暴風」とは、文字通り激しい風で、「駛雨」とは、にわか雨、突然の豪雨のことです。どう同じなのかというと、滅多に起こらないからではありません。突然の暴風雨は、気象条件さえ整ったら、いつ、どこでも起こりうることだからです。私たちの「起悪造罪」も、条件さえ整ったら何をするかわからないということで、それが、「さるべき業縁のもよほさば、いかなるふるまひもすべし」と同じ意味になります。そのため私訳では、「宿業」を「過去世の行い」と訳さず、「過去からの業縁」と訳してみたわけです。従来も「宿業」は、他者の評論としてではなく、自己の内観で語るべきものだ、と指摘されています。それは当然として、自己の内観だとしても、自力の因果論でよいのか、私には、いささかの疑念が湧くのです。

弁慶とアングリマーラ

わがこころのよくてころさぬにはあらず。また害《がい》せじとおもふとも、百人《ひゃくにん》・千人《せんにん》をころすこともあるべし」と、仰《おお》せの候《そうら》ひしかば、われらがこころのよきをばよしとおもひ、悪《あ》しきことをば悪《あ》しとおもひて、願《がん》の不思議《ふしぎ》にてたすけたまふといふことをしらざることを、仰《おお》せの候《そうら》ひしなり。

（註釈版八四三頁、聖典六三三頁）

親鸞聖人の論理は、「縁にふれたら、何をするかわからない」ということです。ですから、悪いことをしなかったのは、自分が善人だからではなく、そういう縁にふれずに済んでいただけのことだと言われるのです。

いささか蛇足ですが、なぜ親鸞聖人が「たとえば、千人殺してみよ」と言われたのかを、少し考えてみます。たまたまの概数だっただけかもしれませんが、「千人」という数について、まず想起するのが、「牛若丸と弁慶」の逸話です。弁慶は、多くの人を殺《あや》め、その人たちの刀をコレクションにしていましたが、千人目に出会ったのが、後の源義経である牛若丸でした。京都の五条大橋での決闘として有名です。現在、五条大橋の西側には、そのモニュメントがあります。いくら弁慶が長刀を振り回しても、牛若丸は、欄干に乗ったりして、ひらりひらりと身をかわし、弁慶はとうとう降参します。

この逸話は、『義経記』などの後世の創作になるもので、同時代の文献『吾妻鏡《あづまかがみ》』などには、右のようなストーリーは見られませんから、親鸞聖人の時代にこの話が知られていたとは考えにくいと思います。そこで、私が思い浮かぶのは、『央掘魔羅経《おうくつまらきょう》』という経典です。

「央掘魔羅」とは、「アングリマーラ」の漢語表記です。アングリマーラという人物は、多くの人を殺めては、その指を切り取って、自分の首に掛けていました。千個目の指を手に入れようと考えていた時、釈尊に遭遇し、「都合よく千個目が現れた」と思って、釈尊に斬《き》りかかっていきました。しかし、斬りかけても斬りかけても、釈尊は、ひらりひらりと巧みに身をかわされるのか、いっこうに斬りつけられません。「逃げるとは卑怯だぞ」と叫びますが、釈尊は、「私は一歩も動いていない。おぬしが、勝手に私の周りをぐるぐる回っているだけだ」と諭し、ついに、アングリマーラは自らの非を悔いたという逸話です。「牛若丸と弁慶の決闘」によく似てますよね。おそらくは、この「アングリマーラ」の話をもとにして『義経記』などの挿話が創られたのではないかと想像します。親鸞聖人が唯円に述べられた、「人を千人殺してみよ」との言葉も、このアングリマーラの逸話からではないかと思っています。

「わざと」行う悪業を批判

そのかみ邪見《じゃけん》におちたるひとあつて、悪《あく》をつくりたるものをたすけんといふ願《がん》にてましませばとて、わざとこのみて悪《あく》をつくりて、往生《おうじょう》の業《ごう》とすべきよしをいひて、やうやうにあしざまなることのきこえ候《そうら》ひしとき、御消息《ごしょうそく》に、「薬《くすり》あればとて、毒《どく》をこのむべからず」と、あそばされて候《そうろ》ふは、かの邪執《じゃしゅう》をやめんがためなり。（註釈版八四三頁、聖典六三三〜六三四頁）

親鸞聖人のお手紙に、「薬があるからといって、わざわざ好んで毒を飲んではならない」として、「悪事を行ってはならない」と言われているのは、かつて、悪人正機《しょうき》だからといって、わざわざ悪事をはたらいている（「わざとこのみて悪をつくる」）者たちを諫《いさ》めるためであり、「悪人だから往生できない」という意味ではない、と唯円は言います。

「親鸞聖人のお手紙」とは、

薬《くすり》あり毒《どく》を好《この》めと候《そうろ》ふらんことは、あるべくも候《そうら》はず（註釈版七三九頁、聖典五六一頁）

を指していると思われます。このご消息《しょうそく》では、「造悪無礙《ぞうあくむげ》」といわれる人たちのことを批判されてい

ますが、別のご消息でも同様に、「造悪無礙」の人たちに対して、

その御《おん》こころざしにては順次《じゅんじ》の往生《おうじょう》もかたくや候《そうろ》ふべからん。（註釈版七四四頁、聖典五六四頁）

（そのような考えでは、この世の命を終えた後、次の世に浄土に往生することなどできないでしょう）

とまで、心優しい親鸞聖人にしては少しびっくりするような、厳しい口調の批判が見られます。このお手紙では、「造悪無礙」のあり方について、「わざとすまじきことどもをもし」と言われていて、本願の救いがあるのをいいことに、必要のない悪事を、「わざと」行う、「恣意的《しい》な」振る舞いを批判されていることに注意せねばなりません。つまり、親鸞聖人の「造悪無礙」批判は、単純に道徳的なレベルでおっしゃっているのではないのです。道徳的なレベルであれば、「賢善精進《けんぜんしょうじん》」は称讃《しょうさん》されてもいいはずです。しかし、聖人は、「賢善精進」のあり方に対しても批判されています。

「造悪無礙」が認められないのは、「わざと」行う、「恣意性」による、ということは、あらためて確認しておきたいと思います。これを踏まえて、次に「賢善精進」について見てまいりましょう。

みな同じ罪を背負っている

また、「海《うみ》・河《かわ》に網《あみ》をひき、釣《つり》をして、世《よ》をわたるものも、野山《のやま》にししをかり、鳥《とり》をとりて、いのちをつぐともがらも、商《あきな》ひをし、田畠《でんばく》をつくりて過《す》ぐるひとも、ただおなじことなり」と。

唯円《ゆいえん》が、親鸞聖人の言葉を引いた部分です。「ただおなじこと」と言われるのは、これ以前の文脈からすると、「罪業」について、「おなじ」とされるのだと思います。（註釈版八四四頁、聖典六三四頁）

人それぞれに、生きていく上では、漁をしたり、狩猟をしたり、あるいは商売をしたり、農作業であったりと、違った生活形態があります。形こそ違え、これらはみな、罪深さからすれば、まったく同じであると、親鸞聖人は言われるのです。

漁や狩猟は、生き物の命を奪う殺生業《せっしょうごう》であり、農業や商業は、ものの命は奪っていないと思われるかもしれませんが、農業においても害虫の駆除などで殺生を行っているでしょう。また、商業は、今日でこそ流通業の必要性は認識されていますが、江戸時代までは、非生産性のゆえに不労所得者だとも思われていました。

そういう意味もですが、より根源的に、どのような生活形態で暮らしているとしても、たとえば殺生業においても、みな同じなのです。それは、「共業《ぐうごう》の輪」でつながっているからです。直接、生き物の命を取っている者だけが罪深いのではなく、「そうさせている者」、つまり「食べている者」がいるからです。「直接に命を取っている者」も、「それを流通して運んでいる者」も、「魚や肉を食べている者」も、殺生という共通の行業《ぎょうごう》の輪の中では、どの地点にいるかの違いにすぎません。

一瞬で消えてしまったテレビ・コマーシャルですが、レトルト中華の宣伝で、父親役の人が料理を作り、おいしそうな匂いにつられて子どもたちが一斉にやってきて、お父さんが「こら、いただきますをしなさい」と言っているのに、子どもたちは「省略」「省略」と言って食べ始めるというものがありました。「食材に対する感謝を忘れた食品メーカーなど信用できない」と抗議しようと思っていたら、その後、間もなく、このコマーシャルを見なくなりました。おそらく、心ある人たちから抗議があったのでしょう。動植物の尊い命によって私たちが生かされていることへの感謝が、「いただきます」であり、「共業の輪」の中では、みな同じ罪を背負っているのです。

善人ぶるのも自力と批判

「さるべき業縁《ごうえん》のもよほさば、いかなるふるまひもすべし」とこそ、聖人《しょうにん》（親鸞）は仰《おお》せ候《そうら》ひしに、当時《とうじ》は後世者《ごせしゃ》ぶりして、よからんものばかり念仏申《ねんぶつもう》すべきやうに、あるいは道場《どうじょう》にはりぶみをして、なんなんのことしたらんものをば、道場《どうじょう》へ入《い》るべからずなんどといふこと、ひとへに賢善精進《けんぜんしょうじん》の相《そう》を外《ほか》にしめして、内《うち》には虚仮《こけ》をいだけるものか。願《がん》にほこりてつくらん罪《つみ》も、宿業《しゅくごう》のもよほすゆゑなり。されば善《よ》きことも悪《あ》しきことも業報《ごうほう》にさしまかせて、ひとへに本願《ほんがん》をたのみまゐらすればこそ、他力《たりき》にては候《そうら》へ。

（註釈版八四四頁、聖典六三四頁）

ここからは、「賢善精進《けんぜんしょうじん》」の人たちへの批判が述べられていきますが、その最初に引用される親鸞聖人の言葉「さるべき業縁《ごうえん》のもよほさば、いかなるふるまひもすべし」は、私たちは、縁にふれたら何をするかわからないものを、みな同じように持っているということです。

しかしながら、そのことを知っている者と知らない者とでは、自ずと行動が違ってきます。たとえば、ガソリンスタンドで給油を頼んでいる時に、「ちょっと一服」と思って、タバコにライターで火を点けようとでもしようものなら、店員さんが飛んできます。ガソリンは引火しやすく火力も甚大で、可燃物の危険性を知っている人と、そうでない人とでは、自ずと行動が異なります。縁にふれたら何をするかわからないものを持っていることに気づいている人は、危ないことを遠ざけた生き方を送ります。それを、「つつしみ」や「たしなみ」と言ってきました。蓮如上人のお言葉に、

こころにまかせずたしなむ心《こころ》は他力《たりき》なり。（『蓮如上人御一代記聞書』註釈版一二五〇頁、聖典八六五頁）

とあります。このことからしても、「造悪無礙《ぞうあくむげ》」の人たちが、心のままに「わざと」悪事を行うことは、明らかに誤りです。

唯円はさらに、この親鸞聖人の言葉によって、「後世者《ごせしゃ》ぶり」という表現で、「賢善精進」の人たちを批判していきます。

親鸞聖人は、漢文の聖教《しょうぎょう》を、時に独自の訓《よ》み替えによって新たな意味を引き出していかれることがありますが、その代表例の一つが、善導大師《ぜんどうだいし》の次の文です。

外《ほか》に賢善精進《けんぜんしょうじん》の相《そう》を現《げん》じ、内《うち》に虚仮《こけ》を懐《いだ》くことを得《え》ざれ。

（「散善義」七祖篇四五五頁、真聖全一・五三三頁）

この訓み方だと、「外見だけ賢く善人のようにして、内面には嘘偽《うそいつわ》りを抱えていてはならない」という、内外《ないげ》の不一致を問題にしておられることになります。

一方、親鸞聖人は、

外《ほか》に賢善精進《けんぜんしょうじん》の相《そう》を現《げん》ずることを得《え》ざれ、内《うち》に虚仮《こけ》を懐《いだ》ければなり。

（『愚禿鈔』註釈版五一七頁、聖典四三六頁）

と訓まれていて、「内面が虚仮不実であるのは動かしようがないので、外面《そとづら》だけ賢《かしこ》そうに取り繕《つくろ》ってはならない」と、より一層意味を深めておられます。

唯円は、親鸞聖人のこの訓み方に従って、外見だけ殊勝そうに振る舞う「後世者ぶり」を批判するのです。

「造悪無礙」が、「わざと」悪事を行う「恣意《しい》的」な自力であるのに対し、「賢善精進」は、自らを善人として振る舞おうとする「恣意的」な自力であり、どちらも本願他力の心に背《そむ》くから容認できないのであって、単純な道徳的レベルではないのです。

いずれも罪悪深重の凡夫

『唯信抄《ゆいしんしょう》』にも、「弥陀《みだ》いかばかりのちからましますとしりてか、罪業《ざいごう》の身《み》なればすくはれがたしとおもふべき」と候《そうろ》ふぞかし。本願《ほんがん》にほこるこころのあらんにつけてこそ、他力《たりき》をたのむ信心《しんじん》も決定《けつじょう》しぬべきことにて候《そうら》へ。おほよそ悪業煩悩《あくごうぼんのう》を断《だん》じ尽《つ》してのち、本願《ほんがん》を信《しん》ぜんのみぞ、願《がん》にほこるおもひもなくてよかるべきに、煩悩《ぼんのう》を断《だん》じなば、すなはち仏《ぶつ》に成《な》り、仏《ぶつ》のためには、五《ご》劫思惟《こうしゆい》の願《がん》、その詮《せん》なくやましまさん。本願《ほんがん》ぼこりといましめらるるひとびとも、煩悩《ぼんのう》・不浄《ふじょう》具足《ぐそく》せられてこそ候《そうろ》うげなれ。それは願《がん》にほこらるるにあらずや。いかなる悪《あく》を本願《ほんがん》ぼこりといふ、いかなる悪《あく》かほこらぬにて候《そうろ》ふべきぞや。かへりて、こころをさなきことか。

（註釈版八四四頁、聖典六三四～六三五頁）

『唯信鈔』は、親鸞聖人にとって法然《ほうねん》聖人門下の兄弟子である聖覚法印《せいかくほういん》の著書で、親鸞聖人は、聖覚法印をことのほか尊敬され、『唯信鈔』について、自ら『唯信鈔文意《もんい》』という註釈書を書かれました。「こんな罪深い身では救われない」などと思うのは、阿弥陀仏のお力を軽視する「本願疑惑」の自力心です。

唯円は、『唯信鈔』の文を根拠とし、「本願ぼこり」とされる人たちも、「本願ぼこり」を批判する人たちも、いずれも罪悪深重《ざいあくじんじゅう》の凡夫《ぼんぶ》であることに何の違いもないのですから、「本願ぼこり」だけが救われないとは、何とも幼稚な考えだ、と結ぶのです。

第十四条

第十四条　本文

一　一念《いちねん》に八十億劫《はちじゅうおくこう》の重罪《じゅうざい》を滅《めつ》すと信《しん》ずべしといふこと。この条《じょう》は、十悪《じゅうあく》・五逆《ごぎゃく》の罪人《ざいにん》、日《ひ》ごろ念仏《ねんぶつ》を申《もう》さずして、命終《みょうじゅう》のとき、はじめて善知識《ぜんちしき》のをしへにて、一念申《いちねんもう》せば八十億劫《はちじゅうおくこう》の罪《つみ》を滅《めつ》し、十念申《じゅうねんもう》せば十《と》八十億劫《はちじゅうおくこう》の重罪《じゅうざい》を滅《めつ》して往生《おうじょう》すといへり。これは十悪《じゅうあく》・五逆《ごぎゃく》の軽重《きょうじゅう》をしらせんがために、一念《いちねん》・十念《じゅうねん》といへるか、滅罪《めつざい》の利益《りやく》なり。いまだわれらが信《しん》ずるところにおよばず。そのゆゑは、弥陀《みだ》の光明《こうみょう》に照《て》らされまゐらするゆゑに、一念発起《いちねんぼっき》するとき金剛《こんごう》の信心《しんじん》をたまはりぬれば、すでに定聚《じょうじゅ》の位《くらい》にをさめしめたまひて、命終《みょうじゅう》すれば、もろもろの煩悩悪障《ぼんのうあくしょう》を転《てん》じて、無《む》生忍《しょうにん》をさとらしめたまふなり。この悲願《ひがん》ましまさずは、かかるあさましき罪人《ざいにん》、いかでか生死《しょうじ》を解脱《げだつ》すべきとおもひて、一生《いっしょう》のあひだ申《もう》すところの念仏《ねんぶつ》は、みなことごとく如来大悲《にょらいだいひ》の恩《おん》を報《ほう》じ、徳《とく》を謝《しゃ》すとおもふべきなり。念仏申《ねんぶつもう》さんごとに、罪《つみ》をほろぼさんと信《しん》ぜんは、すでにわれと罪《つみ》を消《け》して、往生《おうじょう》せんとはげむにてこそ候《そうろ》ふなれ。もししからば、一生《いっしょう》のあひだおもひとおもふこと、みな生死《しょうじ》のきづなにあらざることなければ、いのち尽《つ》きんまで念仏退転《ねんぶつたいてん》せずして往生《おうじょう》すべし。ただし業報《ごうほう》かぎりあることなれば、いかなる不思議《ふしぎ》のことにもあひ、また病悩苦痛《びょうのうくつう》せめて、正念《しょうねん》に住《じゅう》せずしてをはらん。念仏申《ねんぶつもう》すことかたし。そのあひだの罪《つみ》をば、いかがして滅《めつ》すべきや。罪消《つみけ》えざれば、往生《おうじょう》はかなふべからざるか。摂取不捨《せっしゅふしゃ》の願《がん》をたのみたてまつらば、いかなる不思議《ふしぎ》ありて、罪業《ざいごう》をかし、念仏申《ねんぶつもう》さずしてをはるとも、すみやかに往生《おうじょう》をとぐべし。また念仏《ねんぶつ》の申《もう》されんも、ただいまさとりをひらかんずる期《ご》のちかづくにしたがひても、いよいよ弥陀《みだ》をたのみ、御《ご》恩《おん》を報《ほう》じたてまつるにてこそ候《そうら》はめ。罪《つみ》を滅《めつ》せんとおもはんは、自力《じりき》のこころにして、臨終正念《りんじゅうしょうねん》といのるひとの本意《ほんい》なれば、他力《たりき》の信心《しんじん》なきにて候《そうろ》ふなり。

（註釈版八四五～八四六頁、聖典六三五～六三六頁）

私訳

一、一声《ひとこえ》の念仏で、八十億劫《おっこう》もの長い間、苦しみ続けねばならないほどの重い罪が消滅すると信じなければならないということ。

この言い分について、経典《きょうてん》には、十悪《じゅうあく》や五逆《ごぎゃく》といった重い罪を犯しながら、日ごろ念仏を称《とな》えたこともない者が、臨終の時になって初めて善知識《ぜんちしき》の教えに遇《あ》い、一回の念仏で八十億劫もの重い罪が消滅し、十回の念仏ではその十倍の十《と》八十億劫もの重い罪が消滅して、浄土に往生できるとあるが、これは、十悪や五逆の罪の重さを知らせるために、一回の念仏とか十回の念仏と示されているのでしょう。しかし、念仏によって罪を滅するという利益《りやく》を信じるのではありません。

そのわけはというと、阿弥陀仏の光明によって、一念発起の金剛の信心をめぐまれた者は必ずさとりをひらくことに決定《けつじょう》した正定聚《しょうじょうじゅ》の位《くらい》につくように摂《おさ》め取ってくださっているので、命を終えたなら、さまざまな煩悩や悪業《あくごう》の障礙《しょうげ》を転じて、この上ないさとりをひらかせていただくのです。もし、この大悲の誓願がなかったとしたら、私たちのようなあさましい罪人は、いかようにしても迷いを抜け出ることはできないのであって、そのことに気づかせていただいた上で称《とな》える念仏は、みなすべて、如来大悲の恩徳に対するご報謝以外にはありません。

　念仏申すたびごとに罪をなくそうと信じるというのなら、それは、自分の力で罪を消して往生しようと努力することになります。もしそうなら、この一生の間のすべての思いは、みな迷い心で造《つく》ったものですから、迷いにつなぎとめられるばかりで、死ぬまでずっと念仏し続けないと往生できないことになります。しかしながら、私たちの行いには、つねに制約がつきまとっていて、不断の念仏をと思っても、どんな思いがけない事態に遭《あ》うかわかりませんし、どんなことで病気の苦痛に責《せ》められて、乱れ心を起こさずに臨終を迎えることができなくなるかわかりません。そうすると、つねに絶えず念仏を称え続けることは不可能といえますから、念仏が称えられてない間の罪は、どうすればよいというのでしょう。中断ができ、罪を消すことができずに残ってしまえば、往生できなくなるでしょう。これに対し、阿弥陀仏の摂《おさ》め取って捨てないという本願におまかせするならば、どんな思いがけないことで罪を犯し、あるいは臨終に念仏が称えられなかったとしても、私の側《がわ》の事情は問わず、阿弥陀仏の側は摂取不捨の慈悲ですから、命終えたら直ちに往生できるでしょう。また、臨終に念仏が称えられる場合でも、臨終を迎え、さとりをひらくことが間もなくとなった時、この世の最期《さいご》においても、阿弥陀仏におまかせし、仏恩《ぶっとん》を報じさせていただくのみなのです。

罪を滅《めっ》しようと思うのは自力心であって、臨終における定心《じょうしん》の念仏を求める自力念仏の思いですから、他力の信心ではないのです。

それぞれの罪業の重さを示す

『歎異抄』は、きわめてシャープな名文なのですが、時に、主語と述語の関係や、論理の流れが理解しにくいところなどがあり、この第十四条も、その一つです。

最初の一行、「一念に八十億劫の重罪を滅すと信ずべしといふこと」。これは、ここまでの「異義篇」と同様、まず、当時の誤った理解を提示している部分だということは動きません。しかし問題は、その後からの数行です。「この条は」が主語で、「いまだわれらが信ずるところにおよばず」が述語だと考えられますが、この間に入る文章をどう理解するかが難しく、先学《せんがく》にも、さまざまな理解があります。ここでは、私の理解で記述を進めます。

頭を悩ませるのは、「われらが信ずるところにおよばず」として否定される内容が、『観無量寿経』という経典に説かれていることだからです。

可能性の一つとして、彼らの言い分が経典と異なっていることが考えられますが、そうではなさそうです。『観無量寿経』には、「十念申せば十八十億劫の重罪を滅す」とはありませんが、「十念の具《ぐ》

足《そく》」について、

念々《ねんねん》のなかにおいて八十億劫《はちじゅうおくこう》の生死《しょうじ》の罪《つみ》を除《のぞ》く。

（註釈版一一六頁、聖典一二一頁）

とありますから、一念ごと（「念々のなか」）に八十億劫の罪が除かれるということは、十念だと十《と》八十億劫になるでしょうから、経説の誤解ではないでしょう。

次に、『観無量寿経』自体の隠顕《おんけん》を問題にする理解がありえます。『観無量寿経』には、表面上、真実ではない方便と思われる説示も見受けられ、ここの場合では、一念に八十億劫の罪を滅し、十念には、その十倍の十八十億劫の罪を滅すとするのなら、念仏の回数によって効果が異なることになり、自力の論理になる可能性があるでしょう。「一念」にも「十念」にも、無限の功徳があるのが念仏です。法然《ほうねん》聖人は、

一念《ねん》をもつて一無上《むじょう》となす。まさに知るべし、十念《ねん》をもつて十無上《むじょう》となし、

（七祖篇一二二四頁、真聖全一・九五三頁）

と言われています。ゼロには何をかけてもゼロであるように、無限大も、何をかけても答えは無限大です。称《とな》える回数に功徳の違いがないのが他力の念仏です。しかし、それなら、そのような説明があってしかるべきですが、唯円《ゆいえん》はそのような自力性を問題にしているようには見えません。

唯円の説明では、「十悪・五逆の軽重《きょうじゅう》をしらせんがために、一念・十念といへるか」と述べています。これは、親鸞聖人が『唯信鈔文意《ゆいしんしょうもんい》』に、

五逆《ごぎゃく》の罪人《ざいにん》はその身《み》に罪《つみ》をもてること、十《と》八十億劫《はちじゅうおくこう》の罪《つみ》をもてるゆゑに、十念南無阿弥陀仏《じゅうねんなもあみだぶつ》と

となふべしとすすめたまへる御《み》のりなり。一念《いちねん》に十《と》八十億劫《はちじゅうおくこう》の罪《つみ》を消《け》すまじきにはあらねども、五逆《ごぎゃく》の罪《つみ》のおもきほどをしらせんがためなり。（註釈版七一六～七一七頁、聖典五五八～五五九頁）

と述べておられることを受けていると考えられます。

「罪の重さ」の視点についていえば、『観無量寿経』の下品上生《げぼんじょうしょう》では、

五十億劫《ごじゅうおくこう》の生死の罪　（註釈版一一三頁、聖典一一八頁）

とあるのに対し、下品下生《げぼんげしょう》では、

八十億劫《はちじゅうおくこう》の生死の罪　（註釈版一一六頁、聖典一二一頁）

とある説示の相違が、古来から問題とされてきました。これは一見すると、一声の念仏における滅罪《めつざい》の効能が異なっているように見えるからです。しかし、これについての親鸞聖人の理解は、先の『唯信鈔文意』で、「一声の念仏で十八十億劫の罪が消せないわけではないが、五逆の罪の重さを知らせるため十八十億劫といわれている」と示しておられます。これに準《なぞら》えれば、『観無量寿経』における「五十億劫」（下品上生）と「八十億劫」（下品下生）との数字の違いは、称える念仏の効能の違いではなく、それぞれの機類の持つ罪業《ざいごう》の違いによっているということです。

仮に、こういう場面を想定してみてください。若い男女が恋をしました。女性の側には、実は人に言えない負い目があり、深入りすると後で苦しくなると思って自制していましたが、お互いに惹《ひ》かれる思いは募り、ついに男性が、こう切り出します。「僕についてきてくれないか。どんなつらいことがあっても、僕が全部引き受けるから」とプロポーズするのです。彼女はうれしい言葉とは思いつつ

も、悲しそうに、こう告白します。「今まで黙っていたんだけど、私には一千万円の借金があって、マンションや車のローンも残ってて」と、本当のことを語り始めます。つまり自分の借金、自分が抱えているものの重さを伝えるのです。彼女の側では、借金の一つ一つが重くのしかかっているのですが、彼にとっては、借金の金額など、どうでもよいのです。それが、「僕が全部引き受けた」です。

下品上生の者が抱えている罪業と、下品下生の者が抱えている罪業の重さは違います。阿弥陀仏は、それを、「すべてまかせよ」と言われるのです。ただ、それぞれの機類が抱えている罪業の重さは異なります。それが、「五逆の罪のおもきほどをしらせんがため」ということではないでしょうか。

滅罪ではなく「救い」を信じる

冒頭の、「一念に八十億劫の重罪を滅すと信ずべしといふこと」を批判している部分について、どういう誤った内容があるかを点検してみました。しかし、『観無量寿経』の文についての誤解ではなく、『観無量寿経』の隠顕を問題にするわけでもなく、『観無量寿経』の文については親鸞聖人の『唯信鈔文意』の説示を通して解釈されていますから、「これは十悪・五逆の軽重《きょうじゅう》をしらせんがために、一念・十念といへるか」までには、誤った内容は見当たらないことになります。ところが、そこまでを受けて、いきなり、「滅罪《めつざい》の利益《りやく》なり。いまだわれらが信ずるところにおよばず」と否定されるのです。ここが、先哲も頭を悩ませてきたところで、いま、私たちは、どう受け取っていけばよいでしよう。
「滅罪」を自力と考える説があります。自分の力で罪を滅していこうとするのなら明らかに自力ですが、名号《みょうごう》の功徳によって私たち凡夫《ぼんぶ》の罪が滅《めっ》せられる「滅罪」そのものは、必ずしも自力とは言い切れないでしょう。「御文章《ごぶんしょう》」の「信心獲得《ぎゃくとく》章」にも、

無始以来《むしいらい》つくりとつくる悪業煩悩《あくごうぼんのう》を、のこるところもなく願力不思議《がんりきふしぎ》をもつて消滅《しょうめつ》するいはれあるがゆゑに、正定聚不退《しょうじょうじゅふたい》の位《くらい》に住《じゅう》すとなり。（註釈版一一九二頁、聖典八三四頁）

と示され、「滅罪」そのものが否定されているわけではないように思われます。「願力不思議」という他力によって滅せられているからです。

唯円は、「そのゆゑは……」として、以下に詳しく説明を述べますが、かなりの長文ですので、先に私の理解を述べておこうと思います。先に「御文章」を引きましたが、蓮如上人の視点で読み取ってみようと思うのです。なぜなら、『歎異抄』を書写しておられる蓮如上人は『歎異抄』の内容を踏まえておられると想像するからです。そこで注目したいのは、『蓮如上人御一代記聞書《れんにょしょうにんごいちだいききがき》』の次の文です。

一念《いちねん》のところにて罪《つみ》みな消《き》えてとあるは、一念《いちねん》の信力《しんりき》にて往生定《おうじょうさだ》まるときは、罪《つみ》はさりともならず、されば無《な》き分《ぶん》なり。（中略）罪《つみ》のあるなしの沙汰《さた》をせんよりは、信心《しんじん》を取《と》りたるか取《と》らざるかの沙汰《さた》をいくたびもいくたびもよし。（中略）われとしてはからふべからず。ただ信心肝要《しんじんかんよう》なりと、くれぐれ仰《おお》せられ候《そうろ》ふなり。（註釈版一二四四頁、聖典八六一～八六二頁）

つまり、私たちは、滅罪の利益を信じるのではない、ということです。「罪のあるなしを沙汰せん」よりは、「信心を取るか取らざるかの沙汰」を、幾度もするようにと教示されています。この言葉を『歎異抄』に当てはめると、「滅罪の利益」を信じるのではなく、阿弥陀仏の救いを信じることに尽きるのです。つまり、「機の沙汰」をするな、ということではないでしょうか。

不退の身に滅罪は必要ない

唯円は、「滅罪の利益《りやく》なり。いまだわれらが信ずるところにおよばず」と言い、続いて、「そのゆゑは……」と理由を説き明かしていきます。

最初の理由は、

一生のあひだ申すところの念仏は、みなことごとく如来大悲の恩を報じ、徳を謝すとおもふべきなり。（註釈版八四五頁、聖典六三五頁）

です。すなわち、ご恩報謝以外の念仏はないということで、そのため、滅罪のための念仏などないというわけです。

その結論に至るについては、続いて詳しく述べられていきます。「阿弥陀仏の摂取の光明によって、金剛の信心を恵まれた者は、正定聚の位につき定まるので、命終《みょうじゅう》の後は、どんな煩悩や罪業《ざいごう》も転じ、無上のさとりをひらく」と示されているわけです。つまり、正定聚不退の身にならせていただくのですから、滅罪が必要とはなりません。摂取不捨《せっしゅふしゃ》のはたらきによって、罪は罪のまま、抱き取ってくださるのですから、滅罪を論じる必要はないのです。そして、「阿弥陀仏の大悲の誓願なくしては、私のような罪悪深重《じんじゅう》の身が、生死《しょうじ》の迷いを抜け出ることなどできないのですから、阿弥陀仏への報恩感謝の念仏以外にない」というわけです。

このように、主文（トピック・センテンス）をきちんと押さえて読んでいけば、論理の流れは、整然と示されていますので、かなり読みやすくなると思います。

ご恩報謝以外の念仏はない

なぜ「滅罪」が他力の信心ではないと断ずるのかの理由について、その主文が本条の最後に置かれています。こういう構造を理解しておかないと、論理の流れを見失うことになります。

第十四条の構成は、まず「滅罪」について、「いまだわれらが信ずるところにおよばず」と断じ、その理由についての主文が、全体の最後に当たる「罪を滅せんとおもはんは、自力のこころにして、臨終正念といのるひとの本意なれば、他力の信心なきにて候ふなり」であるという構成が、基本構造となります。

そして、その最後の結びに至る理由を示す部分が二段落に分かれていて、第一段落の主文が、ご恩報謝以外の念仏はない、ということでした。この流れで見ると、第二段落において示される理由も、

「いよいよ弥陀をたのみ、御恩を報じたてまつるにてこそ候はめ」ということで、これも、ご恩報謝以外の念仏はないと押さえてあるのです。

つまり、「滅罪」の念仏が、なぜ自力の念仏となるのかというと、「御恩報謝」以外の内容を持ち出しているからです。『蓮如上人御一代記聞書《ききがき》』には、次のような文章があります。

他宗《たしゅう》には親《おや》のため、またなにのためなんどとて念仏をつかふなり。聖人の御一流《ごいちりゅう》には弥陀をたのむが念仏なり。そのうへの称名《しょうみょう》は、なにともあれ仏恩《ぶっとん》になるものなりと仰《おお》せられ候《そうろ》ふ。

（註釈版一二八七頁、聖典八八七頁）

とあり、親鸞聖人御一流の念仏は仏恩報謝以外になく、他宗のように、親の追善供養のためとか、ご利益《りやく》のためとか言って、念仏を手段として利用するものではないとおっしゃっているのです。したがって、「滅罪」のための念仏も、当然ありえないということです。

私たちも、念仏を何かのために利用しようとしていないでしょうか。「困った時の何とか」といって、普段は仏さまのことを忘れているくせに、大事な試合とか、入学試験とか、自分の都合に合わせて利用しようとしていないかということです。唯円の時代だけのことではありません。今の私たちも、唯円に「歎異」の涙を流させることのないように心したいものです。

第十五条

第十五条　本文

一　煩悩《ぼんのう》具足《ぐそく》の身《み》をもつて、すでにさとりをひらくといふこと。この条《じょう》、もつてのほかのことに候《そうろ》ふ。

即身成仏《そくしんじょうぶつ》は真言秘教《しんごんひきょう》の本意《ほんい》、三密行業《さんみつぎょうごう》の証果《しょうか》なり。六根清浄《ろっこんしょうじょう》はまた法華一乗《ほっけいちじょう》の所説《しょせつ》、四安《しあん》楽《らく》の行《ぎょう》の感徳《かんとく》なり。これみな難行上根《なんぎょうじょうこん》のつとめ、観念成就《かんねんじょうじゅ》のさとりなり。来生《らいしょう》の開覚《かいかく》は他力《たりき》浄土《じょうど》の宗旨《しゅうし》、信心決定《しんじんけつじょう》の通故《つうこ》なり。これまた易行下根《いぎょうげこん》のつとめ、不簡善悪《ふけんぜんあく》の法《ほう》なり。おほよそ今生《こんじょう》においては、煩悩悪障《ぼんのうあくしょう》を断《だん》ぜんこと、きはめてありがたきあひだ、真言《しんごん》・法華《ほっけ》を行《ぎょう》ずる浄侶《じょうりょ》、なほもつて順次生《じゅんじしょう》のさとりをいのる。いかにいはんや、戒行《かいぎょう》・慧解《えげ》ともになしといへども、弥陀《みだ》の願船《がんせん》に乗《じょう》じて、生死《しょうじ》の苦海《くかい》をわたり、報土《ほうど》の岸《きし》につきぬるものならば、煩悩《ぼんのう》の黒雲《こくうん》はやく晴《は》れ、法性《ほっしょう》の覚月《かくげつ》すみやかにあらはれて、尽十方《じんじっぽう》の無礙《むげ》の光明《こうみょう》に一味《いちみ》にして、一切《いっさい》の衆生《しゅじょう》を利益《りやく》せんときにこそ、さとりにては候《そうら》へ。この身《み》をもつてさとりをひらくと候《そうろ》ふなるひとは、釈尊《しゃくそん》のごとく、種々《しゅじゅ》の応化《おうげ》の身《み》をも現《げん》じ、三十二相《さんじゅうにそう》・八十随形好《はちじゅうずいぎょうこう》をも具足《ぐそく》して、説法利益《せっぽうりやく》候《そうろ》ふにや。これをこそ、今生《こんじょう》にさとりをひらく本《ほん》とは申《もう》し候《そうら》へ。『和讃《わさん》』にいはく、「金剛堅固《こんごうけんご》の信心《しんじん》の　さだまるときをまちえてぞ　弥陀《みだ》の心光摂護《しんこうしょうご》して　ながく生死《しょうじ》をへだてける」と候《そうろ》ふは、信心《しんじん》の定《さだ》まるときに、ひとたび摂取《せっしゅ》して捨《す》てたまはざれば、六道《ろくどう》に輪廻《りんね》すべからず。しかれば、ながく生死《しょうじ》をばへだて候《そうろ》ふぞかし。かくのごとくしるを、さとるとはいひまぎらかすべきや。あはれに候《そうろ》ふをや。「浄土真宗《じょうどしんしゅう》には、今生《こんじょう》に本願《ほんがん》を信《しん》じて、かの土《ど》にしてさとりをばひらくとならひ候《そうろ》ふぞ」とこそ、故聖人《こしょうにん》（親鸞）の仰《おお》せには候《そうら》ひしか。

（註釈版八四六～八四八頁、聖典六三六～六三七頁）

私訳

一、あらゆる煩悩をすべて持ち合わせている身であるのに、「この世で、すでにさとりをひらく」と言う者がいるようだが、これは、とんでもないことです。

この身のままで成仏《じょうぶつ》するという「即身《そくしん》成仏」は、真言密教《しんごんみっきょう》の根本義で、身口意《しんくい》の三業《さんごう》にわたり、仏と衆生《しゅじょう》とが一体になって得られるさとりです。また、私たちの、眼《げん》・耳《に》・鼻《び》・舌《ぜつ》・身《しん》の五つの感覚器官と意《い》という心を併せた六根《ろっこん》すべてを清らかにする「六根清浄《しょうじょう》」や、身口意の三業《さんごう》における自《じ》利行《りぎょう》と衆生への利他行《りたぎょう》との「四安楽行《しあんらくぎょう》」によって得られる功徳は、いずれも『法華経《ほけきょう》』に説かれる天台の教えです。これらはみな、能力の勝《すぐ》れた者のみがなしうる難行《なんぎょう》であり、精神を統一して仏のすがたをありありと思い映《うつ》すことによって得られるさとりです。

これら、この世でのさとりを目指すあり方に対し、私たちの歩む浄土門は、浄土に往生してさとりをひらく教えであり、信心決定《けつじょう》によって得られる道です。これは、能力の劣った者に対して開かれた易行《いぎょう》であり、善も悪も問わない平等の法義です。

およそ、この身この世で煩悩や悪障《あくしょう》を断《た》つことなど、ほとんど不可能ですから、真言や法華（天台）などの聖道門《しょうどうもん》の高僧方でさえ、来世でのさとりを願う方がおられるのです。まして私たちのような、戒《かい》も守れず理解力も乏しい者は、阿弥陀仏のお慈悲にゆだねるしかなく、それによって迷いの海から、さとりの岸にたどり着けるのですし、浄土に往生したら、煩悩の雲は直ちに晴れ、さとりの光がたちまちに現れ、阿弥陀仏と同じ、届かぬ所がない光の徳によって、すべての衆生《しゅじょう》を教化《きょうけ》する身となってこそ、「さとり」と言い得るのです。「この身この世でさとりをひらく」というのなら、釈尊のように、数々の尊い仏の姿を現し、尊いご説法をなさるはずですがね。

「この身この世でさとりをひらく」と言っている人たちは、親鸞聖人の「金剛堅固《こんごうけんご》の信心の　さだまるときをまちえてぞ　弥陀の心光摂護《しんこうしょうご》して　ながく生死《しょうじ》をへだてける」との和讃の意味するところを取り違えているようだが、この和讃は、「信心決定《けつじょう》の時に摂取の光明に摂《おさ》め取られるので、もう迷いの輪に縛《しば》られることはなく、永く迷いを離れる」と言われているのです。

この和讃で詠《よ》まれた内容を「さとり」と混同してはなりません。まことに嘆かわしいことです。今は亡き親鸞聖人は、「この世では本願を信じ、浄土でさとりをひらくのが、法然聖人以来の浄土真宗の伝統なのだ」と言っておられました。

即身成仏とは？

「煩悩と名のつくものをすべて持ち合わせている者が、この世ですでにさとりをひらく」ことは、いくらなんでもありえない話だと思います。煩悩を滅してこそ、「さとり」なのですから。どうして、こんなことを言う者が現れたのか、私にはちょっと理解できませんが、あるいは、「不断煩悩得涅槃《ふだんぼんのうとくねはん》」の意味を取り違えたのかもしれません。いうまでもないことですが、「不断煩悩得涅槃」は、私たち衆生が煩悩を断《た》つのではなく、他力が断つという、主語を問題とした「不断」なのです。「煩悩」があったら「涅槃」とはいえません。

唯円は、この身この世でさとりをひらく「聖道《しょうどう》門」と、来世でさとりをひらく「浄土門」との違いで説明しています。

この世でさとりをひらくあり方について、まず、真言密教の教えを挙げています。

「即身成仏」の法義そのものは、理論的にはありえます。弘法大師空海は、命がけで、はるばる中国の唐に渡り、青龍寺《せいりゅうじ》の恵果《けいか》に師事しました。そうして日本に持ち帰ったのが、真言密教です。その空海の著書『即身成仏義』には、「父母所生身《ぶもしょしょうしん》、速証大覚位《そくしょうだいかくい》」という言葉があります。「父母所生身」とは、両親を縁として生まれた身ということで、両親を通していただいたこの身をもって、「速証大覚位」、速やかにさとりをひらく。つまり、この身この世でさとりをひらく教えです。

理論的には、ありうる話でしょう。どうして、そういえるのかというと、私たちの迷いの世界も、仏さまのさとりの世界も、構成要素としては同じであるとするからです。

構成要素とは、分子や原子の世界のようなものです。たとえば、水は、酸素と水素が結合してできているというような、物質ができあがっているいくつもの要素のことです。

その構成要素は、さとりの世界も迷いの世界も同じであるという前提に立ちます。具体的には、地《ち》・水《すい》・火《か》・風《ふう》・空《くう》と、これに識《しき》を加えて、「六大縁起」といっています。根底には、「生仏不二《しょうぶつふに》」や「生死即涅槃《しょうじそくねはん》」ともいわれるように、迷いとさとりとは、元から垣根があるのではなく、垣根を造っているのは、凡夫《ぼんぶ》の迷い心にすぎないからですが、それを、真言密教では、右のような「六大縁起論」という理論を立てて、構成要素においては、仏も衆生も等しいというのです。構成要素が同じですから、私たち迷いの世界にいる者も、仏さまと同じ行為をすれば、これは仏さまと同じ行為になるというわけです。それが、「三密加持《さんみつかじ》」、『歎異抄』では「三密行業《さんみつぎょうごう》の証果《しょうか》」といっています。身《しん》口《く》意《い》の三業《さんごう》にわたって仏と同じ行為をすれば、そこでさとりをひらくというのです。

まず、「身密《しんみつ》」とは、「身《み》に印契《いんげい》を結びます」。真言密教の印相《いんそう》は、私たちが見ても、よくわかりませんね。でも、わかる者が見たらわかるのです。野球のサインも、相手チームの人にわかっては困るので簡単にはわかりませんが、同じチームのわかる人が見たらわかるのです。真言密教の身密である「印」は、凡夫には簡単にわかりませんが、いわば、仏の願いや行為の表象です。私たち凡夫は、外側の表情と内側の思いは、えてして別々です。人前では調子のいいことを言っていても、心の中ではやってきたのが「あかんべー」をしているものです。しかし、仏は、思いと表現が一致します。それぞれの仏の思いや願いを「印」にこめるのです。阿弥陀仏は、招喚《しょうかん》と摂取《せっしゅ》の印といわれ、釈尊は、説法印を結びます。

「語密《ごみつ》」は、「真言陀羅尼《だらに》」のことです。「ノウマク……」などと、私たちには、意味がわかりません。日本人が、外国語を聞いても意味がわからないように、仏の言葉は、私たち凡夫にはわかりません。しかし、外国語も、言われている通りに真似すれば、外国人にも通じます。相手が、「サンキュー」と言うから、こちらも「サンキュー」と言えば、「オー、サンキュー」と、向こうにも通じるのです。こちらが意味がわからずとも、相手と同じことを言っていれば、相手に通じます。真言密教の語密も、こちらは意味がわからなくても、ともかく同じように口にしておけば、仏には通じるというのです。

「意密《いみつ》」とは、心を三摩地《さんまじ》（三昧）に住する。つまり禅定心《ぜんじょうしん》、精神統一することです。私たちの心には、煩悩がいっぱい詰まって邪念が渦巻いていますが、邪念を除けば、その心は仏と同じだというわけです。しかし、私たちは、除いた先から、また次々と邪念が湧いてきます。お母さんが、いくらきれいに片付けても、片付けた端から子どもたちが散らかしていく我が家のようなものです。自分では、ちゃちゃっと片付けてごまかしたつもりでも、気づかないだけで、実はウヨウヨ湧いているのです。一切の邪念を払って仏さまの清浄な心をお迎えする。理屈の上ではわかっても、生身の人間には、少なくとも私には不可能です。

心が煩悩だらけの私に、仏の種を届けてくださる仏が、阿弥陀仏のお救いです。汚泥《おでい》の池に咲く白蓮華《びゃくれんげ》のように、煩悩だらけの心に信心の花を咲かせてくださるのです。

六根清浄とは？

天台宗は伝教大師最澄が開いた教えですが、法華（天台）の「六根清浄」も即身成仏と同様と言えます。私たちが外界と接する窓口である「六根」を清浄にしておけば、仏の清浄なはたらきが汚れずに届く、とするのです。

私たちの外界との窓口は六つあるといいます。倶舎《くしゃ》では、「六窓《ろくそう》の猿《さる》」といっています。箱の中に一匹の猿がいて、その箱には六つの窓があり、中にいる猿は、あちこちと窓を移動して外をのぞいているると考えるのです。

まずは「眼」という窓口ですが、私たちの眼は、他人の悪い所はよく見えても自分の悪い所は見えないという、機能不全に陥っています。

「眼」がそうですから、「耳」も同様です。他人の悪口は嘘でも面白いが、自分の悪口は本当でも腹が立ちます。

「鼻」も、価値観が転倒しています。若い女性の香水は芳しいと感じるのに、「お父さんは汗臭い」とか言います。しかし、よく考えてみると、香水はごまかしているにすぎません。働いているお父さんの汗のほうが、実は尊いはずです。

「舌」もまた同様です。肉でも魚でも、等しく尊い生命をいただいているのに、「うまい」とか「まずい」とか、「からい」とか「苦い」とか、自分勝手な判断しかできません。

「身」とは触感のこと。「フワフワの羽毛布団は気持ちいい」とか、「毛皮はミンクがいい」とか、みな、それぞれの尊い生命を奪っていることを忘れています。絹だって毛皮だって、元は生き物だったのです。

最後の窓口は、「意」。心のことです。そして、この「意」が、実は、他の五つの窓口をすべて支配しています。ちょうど銀行に窓口が六つあって、六番目の窓口に支店長が座っているようなものです。この支店長のタチが悪いと、他の窓口も、みな悪くなります。自分の所だけもうかればいいという支店長だと、他の行員たちも同じような態度になります。自分中心という心は、眼にも耳にも影響を与えます。

「即身成仏」も「六根清浄」も、理屈は正しくても誰もができるわけではない、という大きな欠点があります。

そして、それ以上に、根本的に異なる点を忘れてはいけません。たとえば、「真言陀羅尼」は、仏の真似をして仏と同じになろうとするのですが、「南無阿弥陀仏」の名号《みょうごう》を称《とな》えることは、仏の真似をしているのではありません。阿弥陀仏の名号という真実が、私を通してはたらいてくださっているのです。仏のよびかけが、私を通して現れているのです。

弥陀の願船以外にはない

唯円は、「煩悩具足の身のままで、さとりをひらく」という言い分が不当であるとしています。そして、その不当性を明らかにしています。

おほよそ今生《こんじょう》においては、煩悩悪障《ぼんのうあくしょう》を断《だん》ぜんこと、きはめてありがたきあひだ、真言《しんごん》・法華《ほっけ》を行《ぎょう》ずる浄侶《じょうりょ》、なほもつて順次生《じゅんじしょう》のさとりをいのる。いかにいはんや、戒行《かいぎょう》・慧解《えげ》ともになしといへども、弥陀《みだ》の願船《がんせん》に乗《じょう》じて、生死《しょうじ》の苦海《くかい》をわたり、報土《ほうど》の岸《きし》につきぬるものならば、煩《ぼん》悩《のう》の黒雲《こくうん》はやく晴《は》れ、法性《ほっしょう》の覚月《かくげつ》すみやかにあらはれて、尽十方《じんじっぽう》の無礙《むげ》の光明《こうみょう》に一味《いちみ》にして、一切《いっさい》の衆生《しゅじょう》を利益《りやく》せんときにこそ、さとりにては候《そうら》へ。（註釈版八四七頁、聖典六三六頁）

この身この世で「煩悩悪障」を断滅《だんめつ》することは、ほとんど不可能です。そのため、本来は聖道門である「真言・法華を行《ぎょう》ずる浄侶」においてさえ、次の世（順次生《じゅんじしょう》）でのさとりを目指す方々がおられるのであって、まして、私たちのような戒律も守れず理解能力もない者は、ほかに手立てはないではありませんか、と唯円は言います。

ただ、ここの原文は、いささかつながりが悪く、「いかにいはんや」と書き出すなら、文末は、「戒行・慧解ともになきものにおいてをや」というような反語表現で結ばれるべきところですが、そういう文末にはならず、「戒行・慧解ともになしといへども」と、すでに次の文章に移行していて、このあたりの続き具合に、先哲《せんてつ》も理解に苦心しておられます。ひょっとするとですが、同じような言葉が続くため、書写の時に、うっかり飛ばしてしまったという可能性もないとはいえないでしょう。それでも、全体の論旨には、関わりません。戒行も慧解も共にできない者にとっては、阿弥陀仏の大悲の願船《がんせん》以外にないと示されるのです。

ここにいわれる「真言・法華を行ずる浄侶」とは、具体的には誰を指すのか、『歎異抄』では明言されていません。ただ私は、高野山《こうやさん》の明遍僧都《みょうへんそうず》のことを想起するのです。明遍僧都と法然《ほうねん》聖人とのやりとりが、覚如《かくにょ》上人の書かれた『拾遺古徳伝《しゅういことくでん》』に記されています。少しだけ紹介しましょう。

明遍僧都は、当初『選択集《せんじゃくしゅう》』を読んだ時には少し誤解していたのですが、夢がきっかけとなって、法然聖人を尊敬し、じかに訪ねることにしました。明遍僧都が法然聖人に、「念仏する時、心が散乱するのは、どうしたらいいでしょうか」と尋ねると、法然聖人は、「それは、私ではどうしようもない。凡夫《ぼんぶ》の心が散乱するのは当たり前で、生まれつき目や鼻があるようなものだ」と答えられ、だからこそ、

機の堪《かん》・不堪《ふかん》をおもんぱからず、心の散《さん》・不散《ふさん》をせず、つみの重軽《じゅうきょう》をとはず、行《ぎょう》の多少をさだめず、不取正覚《ふしゅしょうがく》の誓約《せいやく》虚設《こせつ》ならずば、往生もとげずばあるべからず。（『聖典全書』四・一六一頁）

（私たちの器量が堪《た》えられるか堪えられないかは問題ではない。心が散乱するかどうかも問題ではない。罪業《ざいごう》が重いか軽いかも問題ではない。修行が多いか少ないかも問題ではない。阿弥陀仏の「あなたを浄土に往生させねば、この阿弥陀も仏になれない」というお誓いが、嘘《うそ》・偽《いつわ》りでは

ないのだから、どのような者でも、どのような状態でも、間違いなく浄土に往生できるはずです）

と教示されたそうです。

機の側の心配をするのではなく、「不取正覚」の誓願のたのもしさを喜ばねばならないと言われるのです。しかし同時に、凡夫の本当の姿に気づいた明遍には、阿弥陀仏の智慧《ちえ》の光が届いたということでしょう。「この身この世でさとりをひらく」と言っているような者は、自らの本当の姿にいまだ気づいていないのであって、だから、彼らの言い分を、「もつてのほか」と切り捨てられたように思います。

この身《み》をもつてさとりをひらくと候《そうろ》ふなるひとは、釈尊《しゃくそん》のごとく、種々《しゅじゅ》の応化《おうげ》の身《み》をも現《げん》じ、三十二相《さんじゅうにそう》・八十随形好《はちじゅうずいぎょうこう》をも具足《ぐそく》して、説法利益《せっぽうりやく》候《そうろ》ふにや。これをこそ、今生《こんじょう》にさとりをひらく本《ほん》とは申《もう》し候《そうら》へ。

（註釈版八四七頁、聖典六三六頁）

そして、「この身この世でさとりをひらく」と言っているような人は、さぞや釈尊と同じような数々の尊いお姿を現しているだろうと、キツい皮肉を述べられます。やっていることは、仏の姿どころではなく、凡夫そのままではないか、と皮肉られるのです。

煩悩具足・地獄一定の私

『和讃《わさん》』にいはく、「金剛堅固《こんごうけんご》の信心《しんじん》の　さだまるときをまちえてぞ　弥陀《みだ》の心光摂護《しんこうしょうご》して　ながく生死《しょうじ》をへだてける」と候《そうろ》ふは、信心《しんじん》の定《さだ》まるときに、ひとたび摂取《せっしゅ》して捨《す》てたまはざれば、六道《ろくどう》に輪廻《りんね》すべからず。しかれば、ながく生死《しょうじ》をばへだて候《そうろ》ふぞかし。かくのごとくしるを、さとるとはいひまぎらかすべきや。あはれに候《そうろ》ふをや。「浄土真宗《じょうどしんしゅう》には、今生《こんじょう》に本願《ほんがん》を信《しん》じて、かの土《ど》にしてさとりをばひらくとならひ候《そうろ》ふぞ」とこそ、故聖人《こしょうにん》の仰《おお》せには候《そうら》ひしか。

（註釈版八四七～八四八頁、聖典六三六～六三七頁）

本条の最後には、「この身この世でさとりをひらく」と主張する人たちが親鸞聖人の和讃を間違って受け取っていることを指弾《しだん》します。この世で信心決定《けつじょう》の時に、「ながく生死《しょうじ》をへだてける」とあるのを、「迷いから離れるということは、そこですでにさとりをひらいている」と思っているとすれば、それは読み間違いだと断じます。「正定聚《しょうじょうじゅ》不退の位《くらい》として、迷いに縛られない」という状態と、「さとりをひらいた」状態とを混同してはなりません。親鸞聖人の言葉は、一言一句にも細心の注意が払われているのですから、雑に自分勝手に解釈してはならないのです。

この条に言われるような、「この身この世でさとりをひらく」というほどではないにしても、現代でも、信心を得たら、どこかが変わったように思いたがる人が出てきます。確かに、「迷信には迷わなくなった」など、以前とは変わった部分に気づくこともあります。

しかし、考えてほしいのは、「信心を恵まれたら、どこかが変わる」と思いたがるのは、「私が変わる」ことに、阿弥陀仏の力を利用しようとしているのではないか、ということです。「変わりたい」という私の願いをかなえるために阿弥陀仏を利用してはなりません。阿弥陀仏の本願力によって、「地獄一定《いちじょう》」の身が、「正定聚不退」の位に変えなされたということなのです。

「信心を恵まれたら還相《げんそう》の菩薩になる」などのような、「私が変わった」という意味づけをすると、もう、そこで間違えます。私の意味づけは、「煩悩具足」「地獄一定」以外には何もありません。「信心獲得《ぎゃくとく》の上には、私は還相の菩薩になる」と思っているとしたら、仮に親鸞聖人がご存命であれば、「おまえさんは、そんなに偉くなりたいのか。偉くなりたいのだったら、聖道門の修行をすればよかろう」とおっしゃるのではないかと愚考します。「偉くなった」というような勘違いをしてはなりません。

第十六条

第十六条　本文

一　信心《しんじん》の行者《ぎょうじゃ》、自然《じねん》にはらをもたて、あしざまなることをもをかし、同朋同侶《どうぼうどうりょ》にもあひて口論《こうろん》をもしては、かならず回心《えしん》すべしといふこと。この条《じょう》、断悪修善《だんあくしゅぜん》のここちか。

一向専修《いっこうせんじゅ》のひとにおいては、回心《えしん》といふこと、ただひとたびあるべし。その回心《えしん》は、日《ひ》ごろ本願《ほんがん》他《た》力真宗《りきしんしゅう》をしらざるひと、弥陀《みだ》の智慧《ちえ》をたまはりて、日《ひ》ごろのこころにては往生《おうじょう》かなふべからずとおもひて、もとのこころをひきかへて、本願《ほんがん》をたのみまゐらするをこそ、回心《えしん》とは申《もう》し候《そうら》へ。一切《いっさい》の事《じ》に、あしたゆふべに回心《えしん》して、往生《おうじょう》をとげ候《そうろ》ふべくは、ひとのいのちは、出《い》づる息《いき》、入《い》るほどをまたずしてをはることなれば、回心《えしん》もせず、柔和忍辱《にゅうわにんにく》のおもひにも住《じゅう》せざらんさきにいのち尽《つ》き〔な〕ば、摂取不捨《せっしゅふしゃ》の誓願《せいがん》はむなしくならせおはしますべきにや。口《くち》には願力《がんりき》をたのみたてまつるといひて、こころにはさこそ悪人《あくにん》をたすけんといふ願《がん》、不思議《ふしぎ》にましますといふとも、さすがよからんものをこそたすけたまはんずれとおもふほどに、願力《がんりき》を疑《うたが》ひ、他力《たりき》をたのみまゐらするこころかけて、辺地《へんじ》の生《しょう》をうけんこと、もつともなげきおもひたまふべきことなり。信心《しんじん》定《さだ》まりなば、往生《おうじょう》は弥陀《みだ》にはからはれまゐらせてすることなれば、わがはからひなるべからず。わろからんにつけても、いよいよ願力《がんりき》を仰《あお》ぎまゐらせば、自然《じねん》のことわりにて、柔和忍辱《にゅうわにんにく》のこころも出《い》でくべし。

すべてよろづのことにつけて、往生《おうじょう》にはかしこきおもひを具《ぐ》せずして、ただほれぼれと弥陀《みだ》の御《ご》恩《おん》の深重《じんじゅう》なること、つねはおもひいだしまゐらすべし。しかれば、念仏《ねんぶつ》も申《もう》され候《そうろ》ふ。これ自然《じねん》なり。わがはからはざるを自然《じねん》と申《もう》すなり。これすなはち他力《たりき》にてまします。しかるを、自然《じねん》といふことの別《べつ》にあるやうに、われ物《もの》しりがほにいふひとの候《そうろ》ふよしうけたまはる、あさましく候《そうろ》ふ。

（註釈版八四八～八四九頁、聖典六三七～六三八頁）

私訳

一、信心の行者たる念仏者が、ふとしたことで自ずと腹を立てたり、悪いことをしたり、同行《どうぎょう》たちと口論でもしたなら、その都度、必ず悪事を悔い改めなければならない、と言っている者がいるようだが、この言い分は、自らの力で悪を断《た》ち切り、善を修めようとする思いなのでしょうか。

ただひとすじに念仏する者にとって、「回心」とは、たった一回のみのはずです。この場合にいう「回心」とは、それまで、普段は本願他力の真実の教えを知らずにいた者が、阿弥陀仏の智慧に照らされて、これまでのような心のままでは浄土には往生できないと気づき、以前の自力心を翻《ひるがえ》して、阿弥陀仏の本願におまかせする身となる、これこそが「回心」というべきものです。さまざまなことについて、朝に晩に、幾度《いくど》も幾度も回心してこそ、往生できるというのなら、人の命は、吐いた息を再び吸うまでに命が終わってしまう身なのですから、回心できないまま、柔和で心の落ち着いた状態に至らないうちに命が終わってしまえば、往生できないことになり、そうすると、すべての者を摂《おさ》め取って捨てないという、阿弥陀仏の誓願は、果たせられないまま、無意味に終わってしまうことになるではありませんか。

口では、「本願力におまかせします」と言いながら、心の中では、「いくら悪人正機のご本願とはいっても、やはり善人のほうが救われる」と思っているために、本願力を疑い、他力におまかせする心が欠け、その結果、同じ浄土ではあっても、報土ではなく、辺地という方便化土に往生することになってしまうとすれば、最も悲しむべきことと思わねばなりません。

信心決定の上には、私たちの往生は、阿弥陀仏のはたらきによっているのですから、自らの行為によるのではありません。自分がいかに悪人であったとしても、ますます本願力の尊さを仰いでいるので、他力の道理によって、柔和で落ち着いた心が恵まれるのです。すべて往生浄土のことについては、小賢しい考えをはさまず、ただ、ほれぼれと、阿弥陀仏の御恩の深いことを、つねに思い続けるほかないのです。だからこそ、私が念仏申すのも本願力のはたらきであり、私のはからいがないので、「自然」というのです。だから、これを「他力」といいます。そうであるのに、「自然」について、これ以外のことがあるように、偉そうに吹聴している人たちがいると聞いていますが、まことに嘆かわしいことです。

両極端はどちらも自力

唯円の時代、その周囲には、さまざまな間違った理解が横行していたようで、第十三条によって知られるのは、「本願ぼこり」といわれるような「造悪無礙《ぞうあくむげ》」のあり方と、その非道徳性に対する反動として道徳的に行動を律しようとする「賢善精進《けんぜんしょうじん》」のあり方という、両極端が表面化していることです。この第十六条では、「賢善精進」的なあり方について批判されます。

いわゆる「本願ぼこり」が、なぜ認められないのかというと、それが非道徳的だからではありません。非道徳性が理由なら、「賢善精進」は褒められてもよいはずですが、これも同様に否定されるのは、どちらも、本願を疑う自力となっているからです。「造悪無礙」は、どんな悪いことをしても救われると言って、恣意的《しい》に「わざと」悪事をはたらくあり方で、その「恣意性」こそが自力です。一方の「賢善精進」は、やはり少しは善《よ》いことをしたほうがよいだろうと思う、自らの善という自力にこだわっているのです。こうした両極端ではなく、中間程度ならよいかというと、そうもいきません。構造自体が自力の枠なら、やはり認められません。

この自力性を批判する概念として、唯円は「自然《じねん》」という語であらわそうとしていて、冒頭の一文、自然《じねん》にはらをもたて、あしざまなることをもをかし、同朋同侶《どうぼうどうりょ》にもあひて口論《こうろん》をもしては、かならず回心《えしん》すべしといふこと。この条《じょう》、断悪修善《だんあくしゅぜん》のここちか。

にも「自然」の語が見えますが、唯円は、ここの「自然」の使い方も問題視しています。またそれとは別に、文法的な問題としても、「自然に」が、どこに掛かるのか不明確で、先哲方の理解にも二義があります。

第一の理解は、「自然に」は、直後の「はらをもたて」に掛かるとするものです。「自然に腹を立てるって、どういうこと?」と思うかもしれませんが、簡単にいえば、「意識もせずに」くらいの意味になるでしょうか。「意識的に計画を立てて腹を立てる」人はいないでしょう。自ずと腹が立つものです。

二番目の理解は、間をかなり飛ばして、「かならず回心《えしん》すべし」に掛かるとするものです。しかし、「自然に」という、いわば意識的でない必然をあらわす副詞句が、「回心すべし」という意識的な行動につながるのは、少し不自然です。ただ、ここの「べし」は、「〜せねばならない」という「must《マスト》」の意味ではなく、推量の意味と解釈すれば、「信心の行者《ぎょうじゃ》は、自ずと回心の思いが起こるでしょう」とも取りえますが、そうすると、今度は、「断悪修善《だんあくしゅぜん》」につながりません。そのため私訳では、第一の理解に沿って訳しました。

「断悪修善」については、次のエピソードが思い出されます。

中国(唐)の詩人として有名な白楽天《はくらくてん》は、実は行政官僚でもあったそうです。彼が地方を視察していた時のこと。木の上で座禅を組む道林和尚《どうりんかしょう》(鳥窠禅師《ちょうかぜんじ》)に気づき、「危ないですよ」と声をかけました。しかし、何の返答もありません。「聞こえないのかな」と思い、今度は大声で「危ないですよ

〜」と言うと、禅師は座禅の邪魔になるため不快になり、「お前のほうがもっと危ない」と言い返すのです。白楽天からすれば、親切心で言ってあげているのに、ずいぶんな対応だと思い、「私は、こうして大地の上に立っているが、あなたは木の上にいるので危ないと言っているのです」と言い返します。ところが禅師は、「私は、こうして仏道の修行をしているので危なくはない。だが、お前は地獄に堕《お》ちるかもしれないので、危ないと言ったのだ」と言うのです。あまりの言い分に白楽天は立腹し、「貴殿の言う仏道とは、どういうものか」と問い詰めます。その時に禅師が答えたのが、「七仏通《しちぶつつう》誡偈《かいげ》」だといわれています。

諸悪莫作《しょあくまくさ》（もろもろの悪い行いをしてはならない）
衆善奉行《しゅぜんぶぎょう》（数多く善い行いを行《ぎょう》じなさい）
自浄其意《じじょうごい》（自らその心を浄《きよ》めなさい）
是諸仏教《ぜしょぶつきょう》（これが諸仏の教えである）

これを聞いた白楽天は、「悪いことをするな。善いことをせよ、というだけなら、三歳の子どもでも知っている」と言い返します。これに対し、禅師は、「三歳の子どもでも知っているとしても、八十歳になっても実行することは難しい」と答えたのです。

「止悪修善《しあくしゅぜん》」（「断悪修善」）は、理屈は簡単でも実行は難しい。まさに「難行道《なんぎょうどう》」なのです。道林禅師は、この難行道に挑《いど》んでいましたが、唯円からすれば、「他力易行《いぎょう》の念仏者が、難行道のそぶりをして、どうするのか」ということです。

他力への一大転換は一回のみ

唯円は、先に見たように、「断悪修善」のあり方を、まず総論的に批判しますが、それに引き続いて、言葉の使い方を問題視します。それは、「回心」と「自然」です。

まず、「回心」については、「ただひとたびあるべし」として、自力心が他力に帰入《きにゅう》した一大エポックのことをいうと指摘します。「前念命終《ぜんねんみょうじゅう》、後念即生《ごねんそくしょう》」ともいうように、自力心が命終し、他力の信心へと帰入する一大転換ですから、二度も三度もあるはずがありません。二度も三度もあるようなら、それは、「若存若亡《にゃくぞんにゃくもう》」（ある時には「ありがたいなあ」と思えても、またある時には「これではダメだ」と思いこむ自力心）にほかならず、他力の金剛心ではないことになります。すなわち、まだ「回心」していない状態です。「タバコをやめた」と言っても、何度も「やめた」という人は、やめたことになっていません。専修《せんじゅ》念仏者においては、雑修《ざっしゅ》から専修への転換が、「回心」であり、これは、一度きりのことです。念のために言いますと、第九条における「煩悩の所為《しょい》によって喜べない」のとは、性格が異なります。「若亡」は、煩悩が邪魔しているのではなく、自力心が邪魔をして、「これではダメだ」と思いこむ状態です。

最初に言われる「腹を立てる」というのは、意業《いごう》における造悪です。「悪《あ》しざまなことを犯す」のは、身業《しんごう》における造悪で、「口論」は口業《くごう》の造悪です。これら日常的に絶えず行っている、身口意《しんくい》の三業《さんごう》における悪業を、その都度その都度「回心」していては、なかなか追いつきません。さらには、「出る息、入るを待たない」、この無常の境界《きょうがい》にあっては、「回心」が間に合わず命終することもあるでしょう。そうなると、阿弥陀仏の「摂取不捨《せっしゅふしゃ》の誓願」は、果たされないまま終わってしまうではありませんか。だから、「こういう言葉使いはおかしい」と、唯円は指弾《しだん》するのです。

言うことと心の中とが違っている

唯円は、「賢善精進」の異義者たちが、「断惑修善」の自力になっているということ、そして「回心」という言葉の使い方も間違っており、「回心」も「柔和忍辱」も、自力でなそうとしていることを批判しています。

そして続いて、自力から他力への転換が示されていくのですが、まず自力のあり方について「心口各異」を問題にしています。「心口各異」とは、言うことと心の中とが違っていることです。口では「私は、つまらない人間で」とへりくだっていても、「やっぱり、そうでしたか」と言われたら腹が立つのは、心の中では、そう思っていないからです。

本山の御正忌報恩講の初夜法要では、御伝鈔拝読の日を除いて、「改悔批判」が行われます。これは、蓮如上人の時代、多くの人たちの面前で自身の信仰を表明し、その正否を判断したことに始まるとされています。蓮如上人は、自身の領解については、人前で表明しなければ誤りが正せないとして、

「物をいへいへ」（註釈版一一五九頁、聖典八七一頁）と、しきりにおっしゃっていました。これを継承するのが、現在の「改悔批判」です。しかし、多くの参拝者の面前で自身の領解を表明するのは、どうしても気が引けますので、現在は、皆で「領解文」を唱和し、ご門主さまから代わりを委ねられた勧学和上が、「領解文」の内容を解説してくださるようになっています。その時、ほとんどの勧学和上が、必ずと言っていいほどおっしゃるのは、「ただいま、一同に申された領解、心口各異ならざれば、まことにうるわしき領解にて……」というフレーズです。「口では立派なことを言われてますが、心の中は、はたしていかがなものでしょうか」と、皮肉っぽく聞こえるのは、私の僻みでしょうか。しかし、私たちは、えてしてそういうものです。

この『歎異抄』でも、「口では、悪人正機の本願におまかせする」と言いながら、心中では、「そうはいっても、善人こそが救われる」と思っているのではないかと指摘され、善にたより本願を疑う自力心では、報土の往生は遂げられず、辺地・化土に往生する、と嘆いておられます。

他力といふは如来の本願力なり

異義者たちは、「柔和忍辱の思いは、自らが努めて起こさねばならない」との言い分でしたが、唯円は、「それでは、出る息が入るのを待たない、この無常の境界では間に合わない」として批判しました。そしてさらに、より根源的に、その出所を問題としています。

唯円によれば、「柔和忍辱の思いなど、私の側から出て来るはずがない」ということです。本願力に出あうことによって、「自然のことわりにて（本願力のはたらきによって自ずと）」出てくるものだということとなのです。

阿弥陀仏の四十八願の内、第三十三願を「觸光柔軟」の願といっています。阿弥陀仏の摂取の光明に触れた者は、身も心も柔軟になるという誓いですが、なぜ身も心も柔らかくなれるのでしょう。十二光という光の徳には、「清浄光・歓喜光・智慧光」とあります。「清浄光」という清らかな徳は、私たちの「貪欲」という汚れた心に向けられます。「歓喜光」という喜びの徳は、私たちの「瞋恚」という怒りに向けられます。「智慧光」の徳は、私たちの「愚痴・無明」に向けられます。そして「不断光」として絶えずはたらき続けてくださっており、これらのはたらきによって、頑なな私たちの身や心が柔軟となるのです。自ら努めて「柔和忍辱」の思いにはなれません。阿弥陀仏のはたらきによって育てられていくという、出所の違いが重要なのです。

その出所の違いをあらわすのが、「自然のことはり」、すなわち本願力のはたらき、つまり他力の道理です。間違った理解の人たちは、この「自然」の理解も正確でないと唯円は言います。本条冒頭の一文の、「自然にはらをたて」は、自分の意識を超えているから「自然」と言っているようですが、「自然」は「他力」と同義です。親鸞聖人の用例によれば、

他力といふは如来の本願力なり。（『行文類』註釈版一九〇頁、聖典一九三頁）

が基本ですから、つまり、「他力」とは、阿弥陀仏のはたらきということです。すると、彼らの使い

方では、「腹が立つのも、阿弥陀仏のおはたらき」となってしまいます。腹が立つのは、自らの煩悩のなせる結果です。また、時々、自らの力が及ばないことを、すべて「他力」と表現する場合を見かけます。春夏秋冬も、日の出、日の入りのような自然現象も「如来の本願力」でしょうか。これでは、キリスト教のような「神意論」になってしまいます。

親鸞聖人によれば、先にも見たように、「他力」とは「如来の本願力」です。さらに、「自然法爾章」という手紙には、

「自然《じねん》」といふは、「自」はおのづからといふ、行者のはからひにあらず。「然」といふは、しからしむといふことばなり。しからしむといふは、行者のはからひにあらず、如来のちかひにてあるがゆゑに法爾《ほうに》といふ。「法爾」といふは、この如来の御ちかひなるがゆゑに、しからしむるを法爾といふなり。（中略）すべて、ひとのはじめてはからはざるなり。このゆゑに義なきを義とすとしるべしとなり。「自然」といふは、もとよりしからしむるといふことばなり。

（註釈版七六八頁、聖典六〇二頁）

とあり、「自然」とは、「行者のはからひ」ではなく、「如来のちかひ」がはたらいていることをいうと示されます。また、和讃にも、

信は願より生ずれば　念仏成仏《ねんぶつじょうぶつ》自然《じねん》なり
自然はすなはち報土《ほうど》なり　証大涅槃《しょうだいねはん》うたがはず

（『高僧和讃』註釈版五九二頁、聖典四九六頁）

と詠まれるうち、「念仏成仏自然なり」とは、念仏によって成仏させていただくのが「自然」という

ことですから、「行者のはからひ」ではなく、「如来のちかひ」、すなわち本願力のはたらきを「自然」とされていて、「他力といふは如来の本願力」と同じ内容です。

一方、「自然はすなはち報土なり」は、この上もないさとりである「大涅槃」を証する「報土」を「自然」としておられます。この場合は、『無量寿経』に、

自然虚無《じねんこむ》の身《しん》、無極《むごく》の体《たい》（註釈版三七頁、聖典三九頁）

と説かれる「無為」が「自然」という意味であり、この意については、先の「自然法爾章」の後半には、

無上仏《むじょうぶつ》と申すは、かたちもなくまします。かたちもましまさぬゆゑに、自然《じねん》とは申すなり。かたちましますとしめすときには、無上涅槃《むじょうねはん》とは申さず。（註釈版七六九頁、聖典六〇二頁）

と示されています。これら親鸞聖人の用例にしたがえば、「願力自然《がんりきじねん》」と「無為自然《むいじねん》」以外に、「自然」の意はなく、それ以外の使い方をしている人たちの「自然」の用法は誤用であると指弾されるのです。親鸞聖人の用例以外の勝手な意味づけは許されない、と唯円は言うのです。

第十七条

第十七条　本文

一、辺地往生《へんじおうじょう》をとぐるひと、つひには地獄《じごく》におつべしといふこと。この条《じょう》、なにの証文《しょうもん》にみえ候《そうろ》ふぞや。学生《がくしょう》だつるひとのなかに、いひいださるることにて候《そうろ》ふなるこそ、あさましく候《そうら》へ。経《きょう》論《ろん》・正教《しょうぎょう》をば、いかやうにみなされて候《そうろ》ふらん。

信心《しんじん》かけたる行者《ぎょうじゃ》は、本願《ほんがん》を疑《うたが》ふによりて、辺地《へんじ》に生じて、疑《うたがい》の罪《つみ》をつぐのひてのち、報土《ほうど》のさとりをひらくとこそ、うけたまはり候《そうら》へ。信心《しんじん》の行者《ぎょうじゃ》すくなきゆゑに、化土《けど》におほくすすめいれられ候《そうろ》ふを、つひにむなしくなるべしと候《そうろ》ふなるこそ、如来《にょらい》に虚妄《こもう》を申《もう》しつけまゐらせられ候《そうろ》ふなれ。

（註釈版八四九～八五〇頁、聖典六三八頁）

私　訳

一、「辺地といわれる方便化土に往生した者は、結局は地獄に堕ちるだろう」と言っているようですが、そのようなことは、どこに根拠となるご文があるというのでしょう。学者ぶった人たちが言い出しているようですが、あきれた話です。学者だと言いながら、経典や聖教の読み方も知らないのでしょうか。

真実信心の欠けた念仏者は、本願を疑うから化土に往生するのであり、その辺土で本願疑惑の罪をつぐなってから、報土のさとりをひらくと、親鸞聖人からお聞きしています。

「真実信心の念仏者が少ないから化土に往生する者が多い」ということを、「結局は迷い続ける」などと言うのは、釈尊を嘘つき呼ばわりする無礼な行為です。

辺地往生は地獄に堕ちるという異義

「辺地《へんじ》」は、「辺土《へんど》」とも「化土《けど》」ともいいます。阿弥陀仏の浄土ではあっても、阿弥陀仏にまみえて（「見仏《けんぶつ》」）、法を聞き、阿弥陀仏から「授記《じゅき》」（成仏への保証）を受けることのできる「報土《ほうど》」ではなく、阿弥陀仏にまみえず、浄土での本来の目的を果たせない場所のことです。

大乗仏教では、それまでの、いわゆる「小乗」（上座部系仏教）のあり方を批判する中で、「声《しょう》聞《もん》」に対しては「見仏」、「縁覚《えんがく》（独覚《どっかく》）」に対しては「授記」という、二つの要素を重視しています。直接に師仏にまみえ（見仏）、自分で勝手にさとったと判断する「独覚」ではなく、師仏に自らの成仏を保証（授記）してもらうことを、不可欠の必要要件と規定したのです。

釈尊が入滅なさってから、この世界は、五十六億七千万年後に兜率天《とそつてん》から弥勒仏《みろくぶつ》が来生《らいしょう》されるまで、「無仏の世」となります。「無仏の世」では、「見仏」と「授記」が果たせませんので、他の仏土に行く必要性が生じ、そこで注目されたのが、阿弥陀仏のおられる浄土への往生だったのです。その目的からすれば、せっかく浄土に往生しても、「辺地」「辺土」では、阿弥陀仏にあえないのですから、「見仏」も「授記」もできないわけで、浄土往生の意味が、まったくなくなってしまいます。このことを、親鸞聖人の和讃では、

誓願不思議《せいがんふしぎ》をうたがひて　御名《みな》を称《しょう》する往生《おうじょう》は
宮殿《くでん》のうちに五百歳《ごひゃくさい》　むなしくすぐとぞときたまふ

（『浄土和讃』註釈版五五五頁、聖典四七八頁）

と詠まれ、誓願の不思議を疑う自力念仏によって往生した「辺土」では、「見仏」も「授記」も得られませんから、目的を果たせず、「むなしくすぐる」ことになるのです。その一方、「浄土」には違いありませんから、居心地だけは最高に良く、「宮殿のうち」といわれるように、まさに王様の宮殿にいるような幸福感に浸り、そのゆえに、そこに安住してしまい、「報土」への向上心を失うのです。

私がよく使う喩えなのですが、本山での大きな法要や、毎年の念仏奉仕団での上山でも、団体参拝として多くの人々と同行しながら、宿所の聞法会館や東急ホテルの居心地がいいものだから、ずっと宿所ですごして、肝心の法要にも、ご奉仕にも参加せずに帰ったとしたら、「あんた、何のために行ってきたのか」ということになりますよね。

また、『徒然草《つれづれぐさ》』の「仁和寺《にんなじ》の法師」という一段でも、仁和寺の僧が、石清水八幡宮《いわしみずはちまんぐう》に参詣《さんけい》した時、「なぜか、みんな山に上がるなあ」とは思いつつも、よくわからないまま、麓《ふもと》の社だけ参拝して帰っ

たら、石清水八幡の本殿は山上にあり、何をしに行ったかわからないという話です。同じように、浄土ではあっても、「化土」「辺土」では、本来の目的が果たせず、何の意味もないのです。しかし、だからといって、「ついには地獄に堕ちるなどといえるのか」、「どこに、そんな根拠があるのか」と、唯円は憤慨します。「学者ぶった連中が言い出しているらしい」と嘆くのです。

私も、「化土の往生は、ついには地獄に堕ちる」という言い分の根拠となる聖教は、とんと思い浮かびません。しかしながら、ひょっとしたらと頭をかすめるものがあります。それは法然聖人の『選《せん》択集《じゃくしゅう》』で、そこには、

生死《しょうじ》の家には疑《うたがい》をもつて所止《しょし》となし、涅槃《ねはん》の城《しろ》には信《しん》をもつて能入《のうにゅう》となす。

（七祖篇一二四八頁、真聖全一・九六七頁）

とあり、この文は、親鸞聖人も「正信偈」に用いられています。ここでは、本願を信受すればさとりをひらくことができるが、本願を疑う者は生死を迷い続けるという、「信疑決判」の論理が示されています。この論理によると、本願を疑うことによって迷いの世界をさまよい続けることになるので、ついには地獄に行くこともあるかもしれません。しかし、それでも、「化土に往生した者は地獄に堕ちる」とは書かれていません。

一方、本願を疑う者は「報土」ではなく、「化土」に往生することが、『無量寿経』の「胎化段《たいけだん》」に示されるところ（註釈版七六～七七頁、聖典八一～八二頁）であり、これを「信疑得失《しんぎとくしつ》」と称しています。本願を疑惑する「不了仏智《ふりょうぶっち》」の者は、浄土ではあっても、ちょうど母親のお腹の中の胎児のように

外の世界が見えないので「胎生《たいしょう》」といい、本願を信受する「明信仏智《みょうしんぶっち》」の者は「報土」に往生でき、これを「化生《けしょう》」といいます。

「本願を疑う者は、化土に往生する」という『無量寿経』「胎化段」の論理と、「本願を疑う者は、迷いの世界を迷い続け、そのため、あるいは地獄に堕ちるかもしれない」という『選択集』の論理を、ごちゃ混ぜにすると、「本願を疑うことによって化土に往生した者が、ついには地獄に堕ちる」という論理になりかねない気はします。強いて捜そうとすれば、これ以外には思い浮かびません。しかし、これは論理の混乱であって、「学者ぶる人」とも思えない、初歩的な論理破綻です。だから、「あさましく候へ」と述べられたのでしょう。

異義者たちが主張する根拠について、これ以上は、推測さえできません。ただ、先の「信疑決判《しんぎけっぱん》」と「信疑得失《しんぎとくしつ》」とは、混乱を生みやすいかもしれません。なぜかというと、因に当たるものが、「本願を疑う」として同じなのに、果が、「生死《しょうじ》を輪廻《りんね》する」と「化土ではあっても浄土に往生する」とでは、大きく異なるからです。

このことを考える前に、一つ確認しておかねばならないことは、「信疑決判」でいわれる「本願を疑うことによって迷い続ける」との説示ですが、「本願疑惑」が、迷いの因なのではないことです。迷いの原因は、私たちの無明《むみょう》・煩悩《ぼんのう》にあるのです。しかし、どのような凡夫《ぼんぶ》・悪人であってもお救いくださる阿弥陀仏の本願を受け入れなかったために、迷い続けるわけです。

たとえば、ある人が肺炎で亡くなったとします。直接の死因は、肺炎です。しかし、ペニシリンのような特効薬があるのに、それを飲まなかったから死んだ、という言い方もできます。私たちの地獄行きの因は、私たちの無明・煩悩です。しかし、「不断煩悩得涅槃《ふだんぼんのうとくねはん》」の阿弥陀仏の本願を受け入れなかったから、迷い続けるともいえます。この時、迷悟《めいご》の分かれ道は、本願を信受《しんじゅ》するか否かに関わっており、これを「信疑決判」というのです。

ここまでをまず確認していただいて、先ほどの問題に戻ります。因に当たるものが「本願疑惑《ほんがんぎわく》」として同じなのに、その果について、『無量寿経』「胎化段」では「化土往生」とされ、法然聖人は「生死輪転」とされ、結果が違うように見えるのは何故かという問題です。

先哲方も、さまざまな理解を提示してくださっていますが、ここでは、私の理解のみを申します。『無量寿経』では、阿難《あなん》や弥勒《みろく》をはじめ、多くの弟子たちは、ここまでの釈尊の説法を通して浄土への願生心はすでに前提となっており、また、弥勒の質問も、「どうして、浄土では胎生と化生とに分かれるのか」（註釈版七六頁、聖典八一頁）であったため、「胎生」の因として語られたのだろうと考えられます。つまり、この場合の「本願疑惑」とは、浄土願生の思いはあっても、「信罪福心《しんざいふくしん》」（こんな罪深い身では救われないと自分で決めたり、これだけ善いことをしたのだから救われると思いこむ）のような自力心のことです。一方、法然聖人の「信疑決判」の場合には、浄土願生の思いもなく、本願を受け入れなかったとしたら、もともと「地獄一定《じごくいちじょう》」の身ですから、「地獄一定」の果を待つしかないのです。因が同じようでも、内容や状況が少し違うのではないかと思っています。

ともかくも、「化土往生の人は、ついには地獄に堕ちる」という言い分について考えてみましたが、唯円が言うように、そういう根拠は見当たりません。

仏智疑惑のつみにより、懈慢辺地にとまる

「化土往生の者は、ついには地獄に堕ちる」との主張について、唯円はまず、「経典や聖教には、そんな根拠はない」と批判します。それに引き続き、親鸞聖人の言葉から説明しようとしていきます。

信心かけたる行者は、本願を疑ふによりて、辺地に生じて、疑の罪をつぐのひてのち、報土のさとりをひらくとこそ、うけたまはり候へ。　（註釈版八五〇頁、聖典六三八頁）

「～とこそ、うけたまはり候へ」とされている部分が親鸞聖人の言葉です。「真実信心の欠けた念仏者は、本願を疑うから化土に往生するのであり、そこで本願疑惑の罪をつぐなってから、報土のさとりをひらくのです」とあります。唯円が言うように、このような内容は、親鸞聖人が書かれたものには、至る所に見られます。たとえば、「誡疑讃《かいぎさん》」という本願疑惑を誡しめる和讃には、

仏智疑惑《ぶっちぎわく》のつみにより　懈慢辺地《けまんへんじ》にとまるなり
疑惑《ぎわく》のつみのふかきゆゑ　年歳劫数《ねんさいこうしゅ》をふるととく　（註釈版六一一頁、聖典五〇五頁）

仏智うたがふつみふかし　この心《しん》おもひしるならば
くゆるこころをむねとして　仏智の不思議をたのむべし　（註釈版六一四頁、聖典五〇七頁）

と詠まれていて、唯円の言う通りです。そして、さらに注目したいのは、親鸞聖人にとって、法然聖

人門下の兄弟子に当たる隆寛律師《りゅうかんりっし》が書かれた『自力他力事《じりきたりきのこと》』の次の文章です。

わが身をつつしみととのへて、よからんとおもふはめでたけれども、まづ世の人をみるに、いかにもいかにもおもふさまにつつしみえんことは、きはめてありがたきことなり。そのうへに弥陀の本願をつやつやとしらざるとがのあるなり。さればいみじくしえて往生する人も、まさしき本願の極楽にはまゐらず、わづかにそのほとりへまゐりて、そのところにて本願にそむきたる罪をつぐのひてのちに、まさしき極楽には生ずるなり。（註釈版一三七七～一三七八頁、聖典九四〇頁）

（自ら身を慎み整えて、善くありたいと努めるのは、結構なことではあるが、世の中の人たちを見回すと、思い通りに身を慎むことは、ほとんど不可能です。そこにはさらに、阿弥陀仏の本願を、まったく心にかけていないという罪があります。そのため、自身を立派に整えて往生したとしても、本当の浄土としての報土にではありません。かろうじて辺土に往生して、そこで本願疑惑の罪をつぐなった後で、報土に往生できるのです）

とあり、親鸞聖人と同じく、『無量寿経』「胎化段」の法義内容です。

親鸞聖人は、関東のお弟子方に宛てた手紙の中で、

ただ詮《せん》ずるところは、『唯信鈔《ゆいしんしょう》』・『後世物語《ごせものがたり》』・『自力他力《じりきたりき》』、この御《おん》ふみどもをよくよくつねにみて、その御こころにたがへずおはしますべし。（註釈版七七五頁、聖典五六七頁）

と述べられ、隆寛律師《りゅうかんりっし》や聖覚法印《せいかくほういん》の書かれたものに全幅の信頼を寄せられ、熟読を勧めておられます。

関東にいたころに、こういった親鸞聖人の指示に従って、あるいは唯円も『自力他力事』を読んでい

たかとも思われますから、「親鸞聖人から承った」とは、これを指すのかもしれません。そして、隆寛律師は、法然聖人からの信頼も厚く、この隆寛律師の説示には、法然聖人の心も反映されている可能性があるのです。そうすると、法然聖人の論理には、「信疑決判」だけではなく、『無量寿経』「胎化段」の「信疑得失」の論理もあるような気もします。

真実信心の者が少ないから化土往生の者が多い

「真実信心の者が少ないから化土往生の者が多い」といわれています。親鸞聖人も、和讃で、

報土《ほうど》の信者《しんじゃ》はおほからず　化土《けど》の行者《ぎょうじゃ》はかずおほし
自力《じりき》の菩提《ぼだい》かなはねば　久遠劫《くおんごう》より流転《るてん》せり
（『正像末和讃』註釈版六〇八頁、聖典五〇四頁）

と述べられています。「化土往生のほうが多いことには注意しなさいよ」ということです。

ちょうど、大学や高校を受験する時のようなものです。定員は二百人なのに受験者は千人となれば、落ちるほうが必ず多いのです。「倍率が五倍」と聞いたら、「こりゃ大変だ」と思いますが、「一・一倍」と聞いたら、「落ちるのは一割程度か」と油断します。しかし、その一割に入らない保証は、どこにもないのです。五倍でも、一・一倍でも、落ちる人は必ずいるのに、倍率が低いと油断するのが、私たち凡夫です。「後生の一大事、油断あるまじきこと」（赤尾《あかお》の道宗《どうしゅう》）ですから、注意の喚起を結果で示されるのです。

源信和尚《げんしんかしょう》の『往生要集』にも、『菩薩処胎経《ぼさつしょたいきょう》』の引文として、
報《ほう》の浄土に生るるものはきはめて少なし。化《け》の浄土のなかに生るるもの少なからず。
（七祖篇一一二七頁、真聖全一・八九八頁）

の文が引かれてあります。「報化二土」の弁立は源信和尚の功績で、源信和尚は、私たちに結果で示す、説きぶりでした。『往生要集』は、「厭離穢土《えんりえど》」「欣求浄土《ごんぐじょうど》」から書き出されています。地獄の様相を、きわめてリアルに説示され、この報化二土についても、「化土のほうが多い」と、結果で注意をうながされるのです。

私たちは、結果で示されて、初めて実感が湧きます。運転免許証の更新時には、視力検査などの後に必ず講習の時間があります。そこでは、必ずと言っていいほど、悲惨な事故現場の映像が流されます。すでに免許証を持っているわけですから、安全運転でなければならないことは、皆わかっているはずです。しかし、悲惨な事故現場をリアルに見ないことには、安全運転に油断が生じるのが、私たちです。ですから源信和尚は、「穢土にとどまらず浄土を求めるように」、「化土ではなく報土往生を求めるように」と、結果でうながされるのです。

『往生要集』における「報化二土」の論理立てを辿ってみますと、まず、道綽禅師《どうしゃくぜんじ》の『安楽集《あんらくしゅう》』の「三不三信《さんぷさんしん》」の文を挙げられて、続いて善導大師の『往生礼讃《おうじょうらいさん》』の「専雑二修《せんぞうにしゅう》」の文が引かれます。そして、『菩薩処胎経』の文として、「雑修《ざっしゅ》のものは執心不牢《しゅうしんふろう》の人であるから化土に生じ、専修《せんじゅ》のものは執心牢固《しゅうしんろうこ》によって報土に生じる」（意訳取意。七祖篇一一二七頁、真聖全一・八九八頁）の文が引

かれ、そして、先ほどの「報の浄土に生るるものはきはめて少なし」の文に至るわけです。

実は、この論理を、以前、意外なところで見つけたことがあります。「意外」ではないのかもしれませんが、親鸞聖人が書かれた『浄土文類聚鈔』の一写本として、滋賀県の光延寺に現存するものには、表紙の裏（見返）に、「三不《さんぷ》三信《さんしん》誨《け》慇懃《おんごん》」の文が大きく「標題」として書かれ、その横に、小さな字で、「三不とは雑の義なり。三信とは専修なり」と「註記」されています。「どうして、この文がここに？」と思いました。

『浄土文類聚鈔』は、親鸞聖人の真筆本が現存せず、数本の写本があるのみです。「光延寺本」も、本文は親鸞聖人の書体を忠実に写そうとされていますが、表紙見返の文は、明らかに別筆なのです。「こんなことをする意味が、どこにあるのだろう」、「メモ書きなら、別の場所でもよさそうなものだが」と思っているうちに、ある思いが頭をよぎりました。

法然聖人の『選択集』も、本文部分は法然聖人の真筆ではありません。しかし、最初の「南無阿弥陀仏」の六字と、「往生之業、念仏為本」の割注だけが法然聖人の真筆とされています。信頼のおける弟子だけに書写を許し、写しに間違いないことを保証される意味で、その一行だけを、法然聖人自らがお書きになったのです。『浄土文類聚鈔』も同様の経緯があるのではないか。信頼のおける門弟に書写を許した後、親鸞聖人自身で一筆お書きになったと考えられないか。親鸞聖人の筆跡に似ているような気もする。などと夢とロマンが広がりましたが、「延慶二年（一三〇九年）」の奥書では、やはり無理かなと、いったんは断念したのです。

第十八条

第十八条　本文

一　仏法《ぶっぽう》の方《かた》に、施入物《せにゅうもつ》の多少《たしょう》にしたがつて、大小仏《だいしょうぶつ》に成るべしといふこと。この条《じょう》、不可説《ふかせつ》なり、不可説《ふかせつ》なり。比興《ひきょう》のことなり。

まづ、仏《ぶつ》に大小《だいしょう》の分量《ぶんりょう》を定《さだ》めんこと、あるべからず候《そうろ》ふか。かの安養浄土《あんにょうじょうど》の教主《きょうしゅ》（阿弥陀仏）の御身量《ごしんりょう》を説《と》かれて候《そうろ》ふも、それは方便報身《ほうべんほうじん》のかたちなり。法性《ほっしょう》のさとりをひらいて、長《ちょう》短《たん》・方円《ほうえん》のかたちにもあらず。青《しょう》・黄《おう》・赤《しゃく》・白《びゃく》・黒《こく》のいろをもはなれなば、なにをもつてか大小《だいしょう》を定《さだ》むべきや。念仏申《ねんぶつもう》すに、化仏《けぶつ》をみたてまつるといふことの候《そうろ》ふなるこそ、「大念《だいねん》には大仏《だいぶつ》を見《み》、小念《しょうねん》には小仏《しょうぶつ》を見《み》る」といへるが、もしこのことわりなんどにばし、ひきかけられ候《そうろ》ふやらん。

かつはまた、檀波羅蜜《だんはらみつ》の行《ぎょう》ともいひつべし。いかに宝物《たからもの》を仏前《ぶつぜん》にもなげ、師匠《ししょう》にも施《ほどこ》すとも、信《しん》心《じん》かけなば、その詮《せん》なし。一紙《いっし》・半銭《はんせん》も仏法《ぶっぽう》の方《かた》に入れずとも、他力《たりき》にこころをなげて信心《しんじん》ふかくは、それこそ願《がん》の本意《ほんい》にて候《そうろ》はめ。すべて仏法《ぶっぽう》にことよせて、世間《せけん》の欲心《よくしん》もあるゆゑに、同朋《どうぼう》をいひおどさるるにや。

（註釈版八五〇～八五一頁、聖典六三八～六三九頁）

私訳

一　仏事において布施として差し上げる物について、金額が大きければ大きな仏になり、金額が小さければ小さな仏になる、などと言っているのは、お話にもならない、とんでもないことで、道理に反しています。

まず、仏さまに、大小の区別をしてはなりません。経典には、浄土の主仏である阿弥陀仏の仏身の大きさが説かれているものもありますが、それは方便としての仮のすがたです。真実のさとりには、長い短かいや、四角い丸いなどの形の違いを超え、青や黄色、赤や白や黒などの色の違いも離れたすがたですから、何ゆえに、大小の区別などできましょう。念仏申すと、仏が現れ出でてくださることもあり、ある経典には、「大きな声で念仏すれば大きな仏を見て、小さな声で念仏すれば小さな仏を見る」とあるようですが、これに引きつけたのでしょうか。

また同時に、そのような布施行は、どれほど高価な財宝を、仏前や師匠に捧げたとしても、信心がなかったら、何の意味もありません。たとえ一枚の紙切れや、わずかな金品さえ差し上げることができないとしても、他力信心が深ければ、それこそ阿弥陀仏の願いの本意です。仏法にかこつけた世俗の物欲で、ご法義の仲間をおどそうとするのでしょうか。浅ましいことです。

施物だのみの異義

今回の異義は、あきれて目を疑うばかりですが、蓮如上人の時代にも、似たような「施物だのみ」という異義のあったことが、「御文章」によって知られます。

門徒《もんと》のかたよりものをとるをよき弟子といひ、これを信心のひとといへり。これおほきなるあやまりなり。

（註釈版一一〇〇頁、聖典七七二頁）

とあります。「多く寄進する人ほど信心があるように言う人がいるが、そういう考えは、間違っている」と言われるのです。いつの時代にも、こういう類いの妄説が存在していたことに、あらためて驚きます。

布施《ふせ》には、「三輪清浄」といって、①布施をする側、②布施を受ける側、③布施される施物、の三つ（三輪）が清浄でなければならないとしています。「布施をする側」の清浄とは、「これだけしてあげた」という、自分の手柄に執着する思いを捨てなければならないということです。私たちは、えてして、貰ったことは、すぐ忘れるのですが、してあげたことは、よく覚えているもので、これも清浄なあり方ではありません。

次に、「布施を受ける側」も、「たった、これだけか」などというような思いを抱いてはなりませんし、「また、同じものか」という思いも清浄ではありません。そして、「布施される施物」も、盗みや汚職のような悪事で手に入れた不実な物を差し上げるのも、清浄ではありません。

このうち、本条の異義は、「布施を受ける側」に抵触することになるでしょう。本条で挙げられたような、あまりにもあからさまな場合は、さすがに目に余るのですが、その実、結構似たようなことを、案外、私たちもしているものです。たとえば、お見舞いとか、お祝いの時を考えてみてください。自分で勝手に相場のようなものを想定して、それより多かったら「心がこもっている」と思い、反対に、少なかったら「心がこもっていない」と判断するのです。「子どものお年玉より少ないじゃないか」などと、ご厚意でいただいたものなのに、不平や不満を抱いてしまいます。

こういうことは、相手の心が見抜けないことから起こってきます。ものの本当の価値を見抜く力がないから、金額という数字に頼るのです。

私の子どもたちが、まだ小学生の時のことです。夏休みに大きなスーパーに行くと、時々、カブトムシやクワガタムシを売っていることがあります。「これは、まずい」と思って遠回りをするのですが、目ざといのがいて、「あそこで、クワガタムシを売っている」と見つけるのです。案の定、「買って」「買って」と四人から次々にせがまれます。私は、その時、二つのことを約束させました。一つは、「自分でちゃんと面倒をみること」。そして、もう一つが、「ものの命を、値段で判断しない」、つまり、「お兄ちゃんのほうが高いなどと、絶対に言わない」ということでした。

一番目の約束は長続きせず、結局、私が面倒をみるハメになりました。カブトムシは冬が越せませんが、クワガタムシは、落ち葉のような「布団」を虫カゴに入れておけば、冬が越せます。しかも、つがいで飼ったものですから、腐葉土の中に卵を産み、それが幼虫にかえり、やがて成虫になり、それがまた次の世代を産むという循環が三世代くらい続き、私の寝室は、クワガタの虫カゴでいっぱいになりました。なぜ寝室なのかというと、クワガタムシは、うっかりひっくり返ってしまうと、なかなか自分では元に戻れないのです。木の枝などを置いておくと、それを挟んで何とか自分で元の体勢に戻ってくれることもありますが、ひっくり返ったままジタバタ暴れると、体力を消耗して死んでしまいます。そのため私は、夜中にガサガサと音がしたら、クワガタを元に戻してあげなければならず、それで私の寝室に住まわせることになったのです。そのうえ、クワガタのためにゼリーの餌を置いているのですが、蟻も欲しがって大勢でやってきます。しかも、蟻は場所を覚えますから、たびたび引っ越しをさせねばなりません。大変な日が続きました。それでも、子どもたちは二番目の約束は守ってくれ、それが、何よりよかったと思っています。

　長い譬え話になりましたが、こんなふうに、私たちは、ものの本当の価値を見抜く力がないために、数字に置き換えて判断する習性から抜けられなくなっているのです。みんな等しく尊い命なのに、「鯛は高いが、鰯は安い」などと、値段で価値を判断し、「好き」か「嫌い」か、「役に立つ」か「立たない」かなど、自分中心の都合で判断してしまいます。それにしても、「浄土の沙汰も金次第」みたいな言い方は、とても容認できるものではありません。ですから「不可説」なのです。

　「不可説」という語は、親鸞聖人も、よく用いられています。たとえば、和讃には、

五濁悪世《ごじょくあくせ》の有情《うじょう》の　選択本願《せんじゃくほんがん》信ずれば

不可称不可説不可思議《ふかしょうふかせつふかしぎ》の　功徳《くどく》は行者《ぎょうじゃ》の身《み》にみてり

（『正像末和讃』註釈版六〇五頁、聖典五〇三頁）

と詠まれていますが、この場合の「不可称・不可説・不可思議（称えつくすことも、説きつくすことも、思いはかることもできない）」のような仏徳讃嘆の意味ではありません。ここでは「説くことなどできない」、あるいは「説いてはならない」といった、「論外な」、「言語道断な」、「とんでもない話だ」ということです。

この条文では、「不可説なり、不可説なり」と、同じ言葉を二回重ねた文章になっています。そのため私訳では、「お話にもならない、とんでもないこと」と、同じ意味の言葉を重ねる訳し方をしました。

もともとの原文（最も古い蓮如上人の写本）では、二回目の「不可説なり」は、「々々」と表記されているのですが、現代人にもわかりやすくとの意図で、『註釈版聖典』では、「不可説なり」を二回重ねた表記となっています。ところが、ある写本では、「々々」が、「云々」となっているものがあります。字体がよく似ていますので、書写の段階で、どちらかが誤って写されたということでしょう。『歎異抄』には、著者自身による真筆本が現存していませんから、確定的なことは断言できませんが、最も古い写本である蓮如上人の書写本には「々々」となっていますし、さらには、「云々」では、「不可説なり」と誰かが言って、それを「比興《ひきょう》のことなり」と唯円が評したような文脈になり、つながりが悪くなります。書誌学的にも内容的にも、「々々」とする通説のほうが適切だと考え、私も通説通りの表記を採用しました。

「比興のことなり」とは、「不合理」、「道理に合わない」という意味で、「不可説」も「比興」も、どちらも異義に対する批判をあらわす言葉です。「比興のことなり」は一回だけなのに、「不可説なり」は、どうして二回繰り返されたのでしょう。「とんでもないことだ」（「不可説なり」）という憤りの強さのあらわれではないでしょうか。その後、少し冷静になり、「道理に合わない」（「比興のことなり」）と結んだのではないかと思います。

仏に大小はない

まづ、仏に大小の分量を定めんこと、あるべからず候ふか。かの安養浄土の教主の御身量を説かれて候ふも、それは方便報身のかたちなり。法性のさとりをひらいて、長短・方円のかたちにもあらず。青・黄・赤・白・黒のいろをもはなれなば、なにをもつてか大小を定むべきや。

（註釈版八五〇頁、聖典六三八頁）

唯円の反論は二段に分かれます。「まづ」で始まる一段と、「かつはまた」で始まる二段目ですが、最初の、「まづ」で始まる一段では、仏果の次元で論じられます。

まず、「大小仏に成る」という主張の不当性を指摘します。「仏に大小の分量を定めんこと、あるべからず候ふか」。仏には、大きな仏や小さな仏など、分量を定めてはならないとされます。「不可称・

不可説」で計量化できないからで、安養浄土の教主たる阿弥陀仏について、その身の丈などを説き示す経説（『観無量寿経』）は、方便化身と断じておられます。

「計量化」して表現される仏身が、なぜ「方便化身」なのでしょう。次の和讃をご覧ください。

七宝《しっぽう》講堂《こうどう》道場樹《どうじょうじゅ》
方便化身《ほうべんけしん》の浄土なり
（『浄土和讃』註釈版五六二頁、聖典四八一頁）

この和讃で親鸞聖人は、『無量寿経』に説かれる浄土の様相につき、

無量寿仏のその道場樹《どうじょうじゅ》は、高さ四百万里《しひゃくまんり》、その本《もと》の周囲五十由旬《ごじゅうゆじゅん》なり。枝葉《しようよう》四に布《し》けること二十万里なり。（註釈版三三頁、聖典三五頁）

などと説かれる部分を、「方便化身の浄土」とされています。そして、その理由について、先の和讃に続く次の和讃で示されます。

妙土《みょうど》広大《こうだい》超数限《ちょうしゅげん》
本願《ほんがん》荘厳《しょうごん》よりおこる
（『浄土和讃』註釈版五六二頁、聖典四八一頁）

本願成就によって荘厳された真実報土（「妙土」）は、「広大」で数量的限定を超えている（「超数限」）と言われ、逆にいえば、数量的限定で表現されている浄土は「方便化土」だということです。「高さ四百万里」など、桁外れに大きな数でも、実数値であらわされていれば、「方便化土」なのです。

なお、「方便報身」の語については諸説があります。原文（最も古い蓮如上人の写本）にある「方便報身」とは聞き慣れない用語で、異本には、「方便法身」とある写本もあります。そのため、「方便

法身」と直してあるテキストもあります。ただ、『註釈版聖典』では、蓮如上人の写本通り「方便報身」とし、私もこの立場に賛成です。最古の蓮如上人の写本を、まず最優先にすべきで、聞き慣れないというだけで、勝手に「方便法身」と書き換えるのは、いかがなものかと思うのです。さらに、「方便法身」としたら、かえって意味が取りにくくなります。

「方便法身」は、「法性法身」とともに「二種法身」の一つで、親鸞聖人は、『唯信鈔文意』の中で、

> 法性《ほっしょう》すなはち法身《ほっしん》なり。法身はいろもなし、かたちもましまさず。しかれば、こころもおよばれず、ことばもたえたり。この一如《いちにょ》よりかたちをあらはして、方便法身《ほうべんほっしん》と申す御《おん》すがたをしめして、
>
> （註釈版七〇九～七一〇頁、聖典五五四頁）

と示されます。「法性法身」とは、色も形もなく、私たちの認識や表現を超えています。そのため、阿弥陀仏が私たち凡夫の目線に降りてくださった慈悲の展開こそが「方便法身」であり、この二種の法身は、どちらも真実です。これに対し、第十八条で用いられている「方便報身」は、真実のすがたではなく、方便化土の仏身という意味なので、「方便法身」と書き換えるのは正しくありません。だとすると、ここの「方便報身」は、どう理解すればよいでしょう。私は、次のように考えます。

浄土には、「報土」と「化土」との二つがあり、「正信偈」にも、「報化二土正弁立」とあります。「真実報土」と「方便化土」の二つの違いは、先ほど見たように、数量で表現された浄土（化土）と、数量ではあらわせない「広大無辺際」な浄土（報土）との違いでした。そのように、浄土には「報土」と「化土」がありますが、阿弥陀仏に、「報土の阿弥陀仏」と「化土の阿弥陀仏」という二人の

阿弥陀仏がおられるのではないはずです。「化土」の者が見る阿弥陀仏と、「報土」の者が見る阿弥陀仏とは、見え方が違うということだと思います。「化土」にいる者は、正しく見えていないのです。

他力信心の第十八願成就文に「聞其名号」とあり、自力の第二十願文には「聞我名号」とありますが、「名号」に、第十八願の名号と第二十願の名号との二つがあるのではありません。「名号」は一つ。阿弥陀仏から私たちへのよびかけです。しかし、そこに、他力と自力の相違が生じるのは、「聞」が違っているからです。「聞即信」として、聞いてそのまま信じるあり方（第十八願）と、聞いてあれこれ考えて、合点がいくかどうかなどと、自力の心ぶりが入るあり方（第二十願）とで分かれてしまうのです。出あっている法義は真実なのに、受け取る側が、自分勝手に屈折させるから間違うのです。浄土の主仏「報身仏」を、「方便化土」の誤った見方で受け取るあり方を、「方便報身」と称されたのだと考えます。

信心かけなば、その詮なし

かつはまた、檀波羅蜜《だんはらみつ》の行ともいひつべし。いかに宝物を仏前にもなげ、師匠にも施すとも、信心かけなば、その詮なし。

（註釈版八五〇～八五一頁、聖典六三八頁）

「かつはまた」からは、「施入物の多少にしたがって」といったような、因の側での問題を論じます。「檀波羅蜜の行ともいひつべし」の「檀那波羅蜜」は、「ダーナ」、「布施」のことです。大乗仏教では、

「六波羅蜜《ろくはらみつ》」（布施《ふせ》・持戒《じかい》・忍辱《にんにく》・精進《しょうじん》・禅定《ぜんじょう》・智慧《ちえ》）を実践行法として大切にしています。「布施波羅蜜」は、自身の執着を離れるための修行法で、自分が大切にしているものをすべて投げ出しなさいとするのです。「出家」は、その一つの形態で、家族や財産など、日ごろ大切にしているものを投げ出すのです。

しかし、それをどれだけ忠実に実行しようとも、「信心かけなば、その詮なし」といわれ、肝心の信心が欠けていたら、何の意味もないとされます。およそ当流において、根底は「信心決定」でなければなりません。そして、その信心決定（「自信」）の上から、「教人信」として、人々に信を伝えていくことこそ、「布施」の中でも、「法施」の実践といえるでしょう。「檀波羅蜜」は、自らの功徳を積む自力の修行ですが、私たちの「自信教人信」は、返しても返しきれない仏恩に報いようとするご報謝ですから、「もう、これでよい」という安住の地を持たない厳しさを持つ、他力の実践行です。

最後には、「すべて仏法にことをよせて、世間の欲心もあるゆゑに、同朋をいひおどさるるにや」と結ばれます。「自らの物欲を丸出しにするのが憚られるから、仏法をだしにして、ご法義仲間をおどかしているだけではないか」と、まことに手厳しい指摘です。

後序（後跋）

後序（後跋） 本文①

右条々《みぎじょうじょう》は、みなもつて信心《しんじん》の異《こと》なるよりことおこり候《そうろ》ふか。故聖人《こしょうにん》（親鸞）の御物語《おんものがたり》に、法然《ほうねん》聖人《しょうにん》の御時《おんとき》、御弟子《おんでし》そのかずおはしけるなかに、おなじく御信心《ごしんじん》のひともすくなくおはしけるにこそ、親鸞《しんらん》、御同朋《おんどうぼう》の御中《おんなか》にして御相論《ごそうろん》のこと候《そうら》ひけり。そのゆゑは、「善信《ぜんしん》（親鸞）が信心《しんじん》も、聖人《しょうにん》（法然）の御信心《ごしんじん》も一《ひと》つなり」と仰《おお》せの候《そうら》ひければ、勢観房《せいかんぼう》・念仏房《ねんぶつぼう》なんど申《もう》す御同朋達《おんどうぼうたち》、もつてのほかにあらそひたまひて、「いかでか聖人《しょうにん》の御信心《ごしんじん》に善信房《ぜんしんぼう》の信心《しんじん》、一《ひと》つにはあるべきぞ」と候《そうら》ひければ、「聖人《しょうにん》の御智慧《おんちえ》・才覚《さいかく》ひろくおはしますに、一《ひと》つならんと申《もう》さばこそひがごとならめ。往生《おうじょう》の信心《しんじん》においては、まつたく異《こと》なることなし、ただ一《ひと》つなり」と御返答《ごへんとう》ありけれども、なほ「いかでかその義《ぎ》あらん」といふ疑難《ぎなん》ありければ、詮《せん》ずるところ、聖人《しょうにん》の御《おん》まへにて自他《じた》の是非《ぜひ》を定《さだ》むべきにて、この子細《しさい》を申《もう》しあげければ、法然聖人《ほうねんしょうにん》の仰《おお》せには、「源空《げんくう》が信心《しんじん》も、如来《にょらい》よりたまはりたる信心《しんじん》なり。善信房《ぜんしんぼう》の信心《しんじん》も、如来《にょらい》よりたまはらせたまひたる信心《しんじん》なり。さればただ一《ひと》つなり。別《べつ》の信心《しんじん》にておはしまさんひとは、源空《げんくう》がまゐらんずる浄土《じょうど》へは、よもまゐらせたまひ候《そうら》はじ」と仰《おお》せ候《そうら》ひしかば、当時《とうじ》の一向専修《いっこうせんじゅ》のひとびとのなかにも、親鸞《しんらん》の御信心《ごしんじん》に一《ひと》つならぬ御《おん》ことも候《そうろ》ふらんとおぼえ候《そうろ》ふ。いづれもいづれも繰《く》り言《ごと》にて候《そうら》へども、書《か》きつけ候《そうろ》ふなり。露命《ろめい》わづかに枯草《こそう》の身《み》にかかりて候《そうろ》ふほどにこそ、あひともなはしめたまふひとびと〔の〕御不審《ごふしん》をもうけたまわり、聖人《しょうにん》（親鸞）の仰《おお》せの候《そうら》ひし趣《おもむき》をも申《もう》しきかせまゐらせ候《そうら》へども、閉眼《へいがん》ののちは、さこそしどけなきことどもにて候《そうら》はんずらめと、歎《なげ》き存《ぞん》じ候《そうら》ひて、かくのごとくの義《ぎ》ども、仰《おお》せられあひ候《そうろ》ふひとびとにも、いひまよはされなんどせらるることの候《そうら》はんときは、故聖人《こしょうにん》（親鸞）の御《おん》こころにあひかなひて御《おん》もちゐ候《そうろ》ふ御聖教《おんしょうぎょう》どもを、よくよく御覧候《ごらんそうろ》ふべし。おほよそ聖教《しょうぎょう》には、真実《しんじつ》・権仮《ごんけ》ともにあひまじはり候《そうろ》ふなり。権《ごん》をすてて実《じつ》をとり、仮《け》をさしおきて真《しん》をもちゐるこそ、聖人《しょうにん》（親鸞）の御本意《ごほんい》にて候《そうら》へ。かまへてかまへて、聖教《しょうぎょう》をみ、みだらせたまふまじく候《そうろ》ふ。大切《たいせつ》の証文《しょうもん》ども、少々《しょうしょう》ぬきいでまゐらせ候《そうろ》うて、目《め》やすにして、この書《しょ》に添《そ》へまゐらせて候《そうろ》ふなり。

（註釈版八五一～八五三頁、聖典六三九～六四〇頁）

私訳 ①

以上のようなことは、すべて信心が異なっていることから生じたものでしょう。

今は亡き親鸞聖人が、こんなお話をされたことがあります。

法然聖人が、まだ御在世だったころ、たくさんのお弟子がいらっしゃいましたが、同門の方々と親鸞聖人とで、信心をめぐって論争が起こりました。

親鸞聖人が、「この親鸞の信心も、法然聖人さまのご信心も同じである」と申し上げると、勢観房や念仏房といったお弟子方は、「法然聖人と貴殿（親鸞聖人）との信心が同じなんて、とんでもないことだ」と言うので、「法然聖人の智慧の高さや学識の博さについて同じだというのなら、確かに間違っているが、こと往生浄土の信心においては、まったく同じはずだ」と返答したけれど、それでは納得せず、「そんな大それたこと、あるはずがない」と、なおも非難されたのです。なかなか決着がつかないので、「法然聖人に直接お尋ねして判断してもらおう」ということになり、法然聖人に、ことの経緯を申し上げると、「この源空（法然聖人）の信心も、阿弥陀如来から届けられて恵まれた信心である。そして、善信房（親鸞聖人）の信心も、阿弥陀如来から恵まれた信心である。だから、まったく同じというべきだ。別の信心である人は、この源空（法然聖人）が往生させていただく浄土には往生できないことになる」との仰せであったそうです。法然聖人ご在世の同門の念仏者であっても、親鸞聖人のご信心とは異なる人たちが、おられたようです。

どれもこれも同じことを繰り返し述べていますが、ともかく書き留めておきました。この私（唯円）は、老いぼれてはいましても、会って尋ねてくれる人があるなら、親鸞聖人がおっしゃっていた教えの内容を申し上げもいたしますが、命が終わってからでは、さぞや間違った考えが起こるであろうと、今から心配でなりません。先ほど申しましたようなことに混乱しそうになった時には、親鸞聖人がよく用いておられたお聖教を、よくよくご覧ください。

およそ聖教には、真実の内容と、方便といわれる真実でない内容とが、混在しています。したがって、真実と、そうでないものとの区別を、しっかりと心得ることこそが、親鸞聖人のお心にかなうことです。どんなことがあっても、聖教を見誤ることは、けっしてあってはなりません。そのため、大切な証拠となる親鸞聖人のお言葉を、少しばかり、ここに書き添えておきました。

信心一異の論争

「右条々」とは、具体的には、第十一条から第十八条までに挙げられた、当時の誤った考え方のことで、これは、信心が異なっていることに起因しているとし、有名な「信心一異《しんじんいちい》」の論争が紹介されています。この内容は、『御伝鈔《ごでんしょう》』にも述べられています。

ある時、法然聖人のお弟子方の間で、ちょっとした論争が起こりました。親鸞聖人が、「自分の信心と法然聖人の信心とは同じだ」と述べると、多くのお弟子方は、「とんでもない、大それたことを言うな」と言うのです。親鸞聖人は、「智慧や学識の高さについてなら、確かに遠く及ぶべくもないが、信心については同じはずだ」と主張しましたが、さらに言い合いが続きました。決着がつかないので、「直接、法然聖人に伺ってみよう」ということになり、法然聖人は、「どちらの信心も如来から賜った信心であるから同じというべきで、信心が異なっているのなら、浄土には往生できず、行き先は違ってしまう」と仰せられたのです。

信心が違えば行き先も違って当然です。してきた行いが違えば、行き先も違って当然なのが、因果の道理です。『無量寿経』にも、

行《ぎょう》に当《あ》たりて苦楽《くらく》の地に至《いた》り趣《おもむ》く。（してきた行業によって、苦や楽に至る）
（註釈版五六頁、聖典六〇頁）

と説かれています。一方で、因が同じ他力回向の一味の信心だから果も同じ。ともに浄土に往生できるのです。「倶会一処」の法義が成立しうるのは、同じ南無阿弥陀仏を頂戴するからです。

私は仮に、「してきた行いが違えば、行き先も違う」因果論を「自力の因果論」、「他力回向の一味の信心によるから倶会一処」という因果論を「他力の因果論」と称しておきますが、どちらの因果論のほうが強いと思いますか。

親鸞聖人のご和讃に、

無明《むみょう》長夜《じょうや》の灯炬《とうこ》なり　智眼《ちげん》くらしとかなしむな
生死大海《しょうじだいかい》の船筏《せんばつ》なり　罪障《ざいしょう》おもしとなげかざれ
（『正像末和讃』註釈版六〇六頁、聖典五〇三頁）

と、あります。

石は、海に投げれば、すぐに沈んでしまいます。水の上では沈む方向性しか持っていないからです。しかし、船の上に乗せられると、水上でも浮かびます。船の浮力が、石の重力よりも強いからです。私たちも、生死の大海に投げ出されたら、迷いの底に沈む方向性しかありません。「地獄一定《じごくいちじょう》」の身です。それが、「弘誓《ぐぜい》の船」に乗せられることで、生死の大海の上でも沈むことなく、そして、さとりの岸へと渡ることができます。

いかに自らの罪障が重い（自力の因果）といっても、阿弥陀仏の大悲の願船の浮力（他力の因果）

のほうが強いので、「罪障おもしとなげかざれ」なのです。「私は、体重が、ひとの二倍もあるから、こわくて船や飛行機に乗れない」という人がいるでしょうか。事故の不安はあるかもしれませんが、普段は安心して乗っています。飛行機には整備不良もありえますし、機長の飲酒が問題になったこともありますが、阿弥陀仏の「弘誓の船」には、整備不良も操縦ミスもありません。まさに大安心で浄土への旅路をおまかせできるのです。

ここに添えられたとされる「大切の証文」については、それに相当するものが現存していないように見えるため、諸説があります。私としては、「師訓篇」の第一条から第十条までが、それに当たると想定しています。今の形のように、「師訓篇」が前にあったのでは、親鸞聖人の語録(師訓篇)までを含めて、「いづれもいづれも繰り言にて候ふ」は、いくら何でも不遜だと考えるからです(本書一三七頁参照)。

後序（後跋）本文②

聖人《しょうにん》（親鸞）のつねの仰《おお》せには、「弥陀《みだ》の五劫思惟《ごこうしゆい》の願《がん》をよくよく案《あん》ずれば、ひとへに親鸞一人《しんらんいちにん》がためなりけり。さればそれほどの業《ごう》をもちける身《み》にてありけるを、たすけんとおぼしめしたちける本願《ほんがん》のかたじけなさよ」と御述懐《ごじゅっかい》候ひしことを、いままた案《あん》ずるに、善導《ぜんどう》の「自身《じしん》はこれ現《げん》に罪《ざい》悪生死《あくしょうじ》の凡夫《ぼんぶ》、曠劫《こうごう》よりこのかたつねにしづみつねに流転《るてん》して、出離《しゅつり》の縁《えん》あることなき身《み》とし れ」という金言《きんげん》に、すこしもたがはせおはしまさず。さればかたじけなく、わが御身《おんみ》にひきかけて、われらが身《み》の罪悪《ざいあく》のふかきほどをもしらず、如来《にょらい》の御恩《ごおん》のたかきことをもしらずして迷《まよ》へるを、おもひしらせんがためにて候《そうら》ひけり。まことに如来《にょらい》の御恩《ごおん》といふことをば沙汰《さた》なくして、われもひとも、よしあしといふことをのみ申《もう》しあへり。聖人《しょうにん》の仰《おお》せには、「善悪《ぜんあく》のふたつ、総《そう》じてもつて存知《ぞんじ》せざるなり。そのゆゑは、如来《にょらい》の御《おん》こころに善《よ》しとおぼしめすほどにしりとほしたらばこそ、善《よ》きをしりたるにてもあらめ、如来《にょらい》の悪《あ》しとおぼしめすほどにしりとほしたらばこそ、悪《あ》しさをしりたるにてもあらめど、煩悩具足《ぼんのうぐそく》の凡夫《ぼんぶ》、火宅無常《かたくむじょう》の世界《せかい》は、よろづのこと、みなもつてそらごとたはごと、まことあることなきに、ただ念仏《ねんぶつ》のみぞまことにておはします」とこそ仰《おお》せは候《そうら》ひしか。

（註釈版八五三～八五四頁、聖典六四〇～六四一頁）

私　訳　②

親鸞聖人は、つねづね、こうおっしゃっていました。

阿弥陀如来が五劫という長い間のご思案を通して建立くださったご本願を、よくよく考えてみると、この親鸞一人を救おうとされたものだと気づかされます。だから、これほどにも罪深い私を救おうと思い立ってくださったご本願が、ありがたく尊いものに思われてならないのです。とおっしゃっていましたが、そのことを、今あらためて考えてみますと、善導大師が言われた、

この私自身は、現在まさに罪深く迷いの真っただ中にあり、過去を振り返れば、果てしないほどのはるか昔から、ずっと迷いの中で生まれ変わり死に変わりを繰り返し続け、この迷いの輪から抜け出ることなど、とてもできない身であると知らねばならない。

との尊いお言葉そのものです。

何ともったいないことに、親鸞聖人は、このことを、ご自身のこととして、お説きくださったのです。私たちが、自らの罪深いことに気づかず、如来のご恩の尊さにも気づかずに迷い続けていたのを、聖人が、ご自身を通して、私たちに知らしめてくださったのです。

今の私たちは、如来のご恩ということをまったく抜きにして、みなお互いに、「善い」とか「悪い」とかばかりを問題にしています。

親鸞聖人は、

何が善で何が悪であるか、この私は、まったく知るところでない。なぜかというと、如来のお心のように善を知り尽くしているのなら、この私も、善を知っているといえるだろうし、如来のお心のように悪を知り尽くしているのなら、悪を知っているともいえるだろうが、この私は、その

ような身ではないからである。この私は、煩悩という煩悩をすべて身に具え、この世界は、火のついた家のようにうつろいゆくものであるから、すべてが虚しく偽りであって、真実といえるものは何一つない。ただ念仏だけが真実なのである。

とおっしゃっていました。

ひとへに親鸞一人がためなりけり

親鸞聖人の「つねの仰せ」として、有名な「弥陀の五劫思惟の願をよくよく案ずれば、ひとへに親鸞一人がためなりけり」の文が挙げられています。いうまでもないことですが、ここにいわれる「親鸞一人がため」は、「自分だけが勝れていて、自分だけのため」という意味ではありません。むしろ、その逆です。

『正像末和讃』に、

如来の作願《さがん》をたづぬれば　苦悩の有情《うじょう》をすてずして
回向《えこう》を首《しゅ》としたまひて　大悲心《だいひしん》をば成就《じょうじゅ》せり
（註釈版六〇六頁、聖典五〇三頁）

と詠まれています。

「如来の作願」、すなわち、「どうして阿弥陀仏が本願を建ててくださったのか」を窺ってみると、

「苦悩の有情をすてずして」、苦悩に沈む私たち衆生がいるからだ、と詠まれているのです。

夏が暑いから、扇風機やクーラーが作られました。また、冬が寒いから、ストーブや炬燵が作られました。これとまったく同じように、苦悩に沈む私たち衆生がいるからこそ、阿弥陀仏は、本願を建ててくださったのです。四十八願の一番最初、第一願を「無三悪趣の願」といっています。


たとひわれ仏を得たらんに、国に地獄《じごく》・餓鬼《がき》・畜生《ちくしょう》あらば、正覚《しょうがく》を取らじ。

（註釈版一五頁、聖典一五頁）


つまり、浄土には、地獄・餓鬼・畜生の三悪趣はないという誓いです。

「浄土はさとりの世界なのだから、三悪趣がないのは当たり前じゃないか」と思うかもしれませんが、けっしてそういうものではありません。阿弥陀仏が、衆生をご覧になった時、その衆生は、三悪趣（三悪道）の生き方しかしていないからなのです。

出会った人が何かいい物を持っていたら、「自分も欲しいな」と思いますし、欲しい物が手に入ったとしても、また次に欲しい物ができます。こういう際限のない貪欲（むさぼり）が結果を引いたのが「餓鬼道」です。また、毎日の食事の時には、すべて尊い命を頂戴しているのに、「美味しそうだ」と思ってしまうのは、弱肉強食の「畜生道」のあり方です。さらには、因果の道理を正しく理解せず、何でも他人のせいにする愚痴無明（おろかさ）のために、つまらないことにくよくよして、苦しむ必要のないことまで苦しみ続けなければならなくなっており、実はこれが「地獄」の生き方です。

私たち衆生が、このような生き方ばかりをしているから、本願が建てられたのであって、親鸞聖人は、ご自身こそ、その代表だと悲嘆されたのです。

そのため、この親鸞聖人の言葉に続けて、唯円は、善導大師の「機《き》の深信《じんしん》」の文を引くのです。「自身はこれ現に罪悪生死の凡夫、曠劫よりこのかた、つねにしづみつねに流転して出離の縁あることなき身としれ（このわが身は、現在も罪深い迷いの凡夫であるが、これは、はるか遠い昔から迷い続けてきたのであり、これからも、この迷いから抜け出ることなどできない身と知らねばならない）」と述べられています。

そして、この善導大師の「機の深信（わが身の罪深きことを信知する）」は、「法《ほう》の深信《じんしん》（阿弥陀仏の救いを信知する喜び）」と「一具（一体として離れない）」であるからこそ、親鸞聖人においても、「さればそれほどの業をもちける身にてありけるを（機の深信）、たすけんとおぼしめしたちける本願のかたじけなさよ（法の深信）」との、機法二種一具の深信の言葉となっているのです。「機の深信」は、単なる悲嘆ではありません。そのような身を放っておかないと立ち上がられた、阿弥陀仏の救いを信じる（「法の深信」）喜びと「一具」なのです。

このように、親鸞聖人が、我が身を通して示しくださったにもかかわらず、世の人々は、「如来の御恩」という「法の沙汰」を忘れ、「善し悪し」という「機の沙汰」ばかりを論じていることを、唯円は批判します。だからこそ、二番目の親鸞聖人の言葉、「善悪のふたつ、総じてもつて存知せざるなり」の文を引くのです。善や悪を論じることができるのは如来の仏智見以外にはなく、煩悩具足の凡夫にできるはずはないからです。

なお、この文中、「火宅無常の世界」の語がありますが、「火宅」とは、火のついた家のことです。「後生の一大事」という火が、すでに家についてしまっていて、すぐそこまで来ているにもかかわらず、その大事に気づくことなく目先のことばかりに心を奪われ、いつまでも遊んでいたいと思っているのが、私たちの姿です。それが、「よろづのこと（すべてにおいて）」、「そらごとたはごと（嘘偽りと戯言ばかりで）」、まことあることなき（真実がない）」身と言われる所以です。だからこそ、「念仏のみぞまこと」と言われるのであって、真実（「まこと」）と名のつくものは、私の側には何一つ存在せず、私の側で語りうるとすれば、阿弥陀仏から「よび声」として届けられた「念仏」以外にはないということです。

後序（後跋）本文③

まことに、われもひともそらごとをのみ申《もう》しあひ候《そうろ》ふなかに、ひとついたましきことの候《そうろ》ふなり。そのゆゑは、念仏申《ねんぶつもう》すについて、信心《しんじん》の趣《おもむき》をもたがひ問答《もんどう》し、ひとにもいひきかするとき、ひとの口《くち》をふさぎ、相論《そうろん》をたたんがために、まつたく仰《おお》せにてなきことをも仰《おお》せとのみ申《もう》すこと、あさましく歎《なげ》き存《ぞん》じ候《そうろ》ふなり。このむねをよくよくおもひとき、こころえらるべきことに候《そうろ》ふ。これさらにわたくしのことばにあらずといへども、経釈《きょうしゃく》の往《ゆ》く路《じ》もしらず、法文《ほうもん》の浅深《せんじん》をこころえわけたることも候《そうら》はねば、さだめてをかしきことにてこそ候《そうら》はめども、古親鸞《こしんらん》の仰《おお》せごと候《そうら》ひし趣《おもむき》、百《ひゃく》分《ぶん》が一《ひと》つ、かたはしばかりをもおもひいでまゐらせて、書《か》きつけ候《そうろ》ふなり。かなしきかなや、さいはひに念仏《ねんぶつ》しながら、直《じき》に報土《ほうど》に生《うま》れずして、辺地《へんじ》に宿《やど》をとらんこと。一室《いっしつ》の行者《ぎょうじゃ》のなかに、信《しん》心異《じんこと》なることなからんために、なくなく筆《ふで》を染《そ》めてこれをしるす。なづけて「歎異抄《たんにしょう》」といふべし。外見《がいけん》あるべからず。

（註釈版八五四頁、聖典六四一頁）

私訳③

自らも含めて、みな、嘘・偽りばかりを言い合っていますが、その中で、とりわけ、心を痛めていることがあります。それは、念仏の教えについて、信心の内容をお互いに問答したり、あるいは他人に説き聞かせようとする時に、相手の言い分を塞ぎ、議論を決着させるために、親鸞聖人が仰せになってもいないことを親鸞聖人のお言葉だと言っていることです。まことに情けなく、嘆かわしいことです。このことを、よくよく考えて、わきまえていただかねばなりません。

これらのことは、けっして私一人の勝手な言い分ではありませんが、私は、仏説である経典や、すぐれた祖師方の書かれた論釈の道理もよくわからず、教えの深い機微を心得ているわけでもないので、きっと、おかしなものになっていることでしょう。けれども、かつて親鸞聖人がおっしゃっていたことの百分の一ほどでも、ほんのわずかばかりを思い出して、書き留めておきました。喜ばしくも念仏申す身となりながら、直ちに真実の浄土に往生できないで、化土といわれる方便の浄土にとどまってしまうのであれば、何とも悲しいことです。同じ念仏の行者の中で信心を誤ることのないようにと思い、泣きながら筆をとって書き記しました。異なった信心を歎いて書いたものですから、『歎異抄』とでも申しておきましょう。けっして門外には見せないように。

なづけて「歎異抄」といふべし

後序（後跋）も最後となりました。便宜上、二段に改行しましたが、第一段落は、思わず「どきっ」としました。それは、「まったく仰せにてなきことをも仰せとのみ申すこと（親鸞聖人がおっしゃってもいないことを、さもおっしゃったように言っている」という一節です。一般論として述べられただけかもしれませんが、これは善鸞事件の核心でもあるのです。第二条で示された、関東から命がけで京都の親鸞聖人のもとを訪ねた一行（そこには唯円自身もいたと考えられます）の動機には、やはり善鸞事件があったのかと、あらためて想像させられます。

親鸞聖人のお手紙に、

慈信房《じしんぼう》の法文《ほうもん》のやう、名目《みょうもく》をだにもきかず、しらぬことを、慈信一人《じしんいちにん》に、夜親鸞がをしへたるなりと、人に慈信房申されて候ふ（註釈版七五四頁、聖典六一一頁）

とあり、ここに示されている善鸞の言い分とまったく同じなのです。他の多くの人たちも同じことをしていただけかもしれませんが、唯円にとっては、やはり善鸞事件がずっと影を落としていたようにも感じられるのです。

また、この同じお手紙の中には、善鸞の所業について、

第十八の本願をば、しぼめるはなにたとへて、人ごとにみなすてまゐらせたりときこゆること、まことに謗法《ほうぼう》のとが、（註釈版七五五頁、聖典六一二頁）

と示されています。善鸞は、第十八願（本願）を「しぼめるはな」に譬えている、と親鸞聖人は言われます。「しぼめるはな」とは、どういうことでしょう。私の推測にすぎませんが、「以前は美しく咲き誇っていたが、今は見るかげもない」というような意味でしょうか。つまり、「第十八願の本願なんて、昔は輝いていたけど、もはや意味はない」といったところかと邪推します。こう考えると、現代も、こういう感覚の人は案外多いと思われます。「本願なんて言葉は、今の時代は、もう通用しないんだよ」という声を聞きますが、これでは、善鸞の言い分と同質ではありませんか。率直に言って

通用しなくなりかけているのは事実かもしれませんが、だからといって、何の手も打たずに、「通じないから使わない」では、本当に死語になってしまうでしょう。本願の尊い意味を、現代人に響くように伝えていかねばならないはずです。

第二段落は、「まとめ」として、著者唯円がこの『歎異抄』を書いた意図が述べられています。それによると、唯円自身には学力も智力もないけれど、今、自分が覚えているだけでも、親鸞聖人がおっしゃっていた言葉を書きとどめておかないと、信心が誤ったものになり、その結果として、真実報土に往生できなくなることを、切に心配しているのです。今現在も、ほかならぬこの私が、再び唯円に悲嘆の涙を流させることになってはならないと、あらためて襟を正す思いです。

なお、「外見あるべからず」の「外見」の訓みですが、昔は「げけん」と訓《よ》んでいたと思いますが、現在は、『註釈版聖典』でも「がいけん」と訓んでいます。これはおそらく、『日葡辞書』という当時の中世用語の辞書の訓み方に「がいけん」とあるからでしょう。

流罪記録　本文

後鳥羽院《ごとばのいん》の御宇《ぎょう》、法然聖人《ほうねんしょうにん》、他力本願念仏宗《たりきほんがんねんぶつしゅう》を興行《こうぎょう》す。時《とき》に、興福寺《こうぶくじ》の僧侶《そうりょ》、敵奏《てきそう》の上《うえ》、御弟子《おんでし》のなか、狼藉子細《ろうぜきしさい》あるよし、無実《むじつ》の風聞《ふうぶん》によりて罪科《ざいか》に処《しょ》せらるる人数《にんじゅ》の事《こと》。

一　法然聖人《ほうねんしょうにん》ならびに御弟子七人《おんでししちにん》、流罪《るざい》。また御弟子四人《おんでししにん》、死罪《しざい》におこなはるるなり。聖人《しょうにん》（法然）は土佐国《とさのくに》　幡多《はた》といふ所《ところ》へ流罪《るざい》、罪名藤井元彦男云々《ざいみょうふじいもとひこおとこうんぬん》。生年七十六歳《しょうねんしちじゅうろくさい》なり。

親鸞《しんらん》は越後国《えちごのくに》、罪名藤井善信云々《ざいみょうふじいよしざねうんぬん》。生年三十五歳《しょうねんさんじゅうごさい》なり。

浄聞房《じょうもんぼう》　備後国《びんごのくに》　澄西禅光房《ちょうさいぜんこうぼう》　伯耆国《ほうきのくに》　好覚房《こうかくぼう》　伊豆国《いずのくに》　行空法本房《ぎょうくうほうほんぼう》　佐渡国《さどのくに》　幸西成覚《こうさいじょうかく》房《ぼう》・善恵房二人《ぜんえぼうににん》、同《おな》じく遠流《おんる》に定《さだ》まる。しかるに無動寺《むどうじ》の善題大僧正《ぜんだいだいそうじょう》、これを申《もう》しあづかると云々《うんぬん》。遠流《おんる》の人々《ひとびと》、以上八人《いじょうはちにん》なりと云々《うんぬん》。

死罪《しざい》に行《おこな》はるる人々《ひとびと》

一番《いちばん》　西意善綽房《さいいぜんしゃくぼう》

二番《にばん》　性願房《しょうがんぼう》

三番《さんばん》　住蓮房《じゅうれんぼう》

四番《しばん》　安楽房《あんらくぼう》

二位法印尊長《にいほういんそんちょう》の沙汰《さた》なり。

親鸞、僧儀《そうぎ》を改《あらた》めて俗名《ぞくみょう》を賜《たま》ふ。よつて僧《そう》にあらず俗《ぞく》にあらず、しかるあひだ、禿《とく》の字《じ》もつて姓《しょう》となして、奏聞《そうもん》を経《へ》られをはんぬ。かの御申《おんもう》し状《じょう》、いまに外記庁《げきのちょう》に納《おさ》まると云々《うんぬん》。流罪以後《るざいいご》、愚禿親鸞《ぐとくしんらん》と書《か》かしめたまふなり。

（註釈版八五五～八五六頁、聖典六四一～六四二頁）

（私訳は省略）

最後に「流罪記録」が付けられています。

そもそも、なぜ、この記録が、ここに付けられたのでしょう。先哲の理解では、『血脈文集《けちみゃくもんじゅう》』との類似性から、法然門下の流れにあることを明示される意図があると指摘されており、なるほどと思います。また、念仏弾圧の愚行を指弾される思いもあるのではないかという指摘もあります。

確かに、親鸞聖人自身も、『教行信証』の「後序」に、有名な、

主上臣下《しゅじょうしんか》、法に背《そむ》き義《ぎ》に違《い》し、忿《いか》りを成《な》し怨《うら》みを結《むす》ぶ。

（註釈版四七一頁、聖典三九八頁）

と、権力からの不当な弾圧を激烈に批判しておられ、その意図も充分にありえます。

その流れで見ると、最後の一段の「僧にあらず俗にあらず（非僧非俗）」の意味も明確になるような気がします。「非僧」とは、当時の律令制下（僧尼令）で認められた僧ではないことの名のりでし

ょう。鎮護国家を祈る官僧には戻らない、との表明と受け取められます。そして、「非俗」とは、さりとて、迷信に振り回される俗人とも一線を画す、真の仏弟子たる念仏者の名のりでもあるでしょう。

あとがき

本書は、二〇一六年一〇月から二〇二〇年九月にかけての四年間、本願寺出版社（西本願寺）の月刊誌『大乗』に、「これdeわかる歎異抄」として連載したものを一著にまとめたものです。

本文にも書きましたが、『歎異抄』は、宗教書のジャンルとしては、おそらく日本で最もよく読まれている中のひとつだと思います。そのため、同書に関する著作も、実に夥しい数に上ります。このような中で、敢えて一著を投じるのは、よほどの向こう見ずか恥知らずの所業と思われるでしょう。

数年前に、あるテレビ番組のインタビューで、講談師の当時神田松之丞（六代目伯山）師が、「売れっ子の秘訣は、何だと思いますか」と訊かれた時に、「先ずは、講談って面白いんだという、入り口の楽しさを伝えたいと思っています」と言われ、「それと同時に、講談はとても奥深いもので、その奥行きも少しだけ覗くことができるように心がけています」と言われていました。実は、この言葉が、私にとって執筆のヒントになりました。

『歎異抄』についての専門的学術書は実に数多く、私自身も多くの恩恵を受け、この方面で貢献したいという思いもありましたが、先ず、多くの人に手に取ってもらうには、学術書では、いかにもハードルが高いと感じました。さりとて、平易な入門書となると、それこそ枚挙に暇なく、平板な書物では類書に埋没してしまうという危機意識もありました。

そこで、先ずは手に取ってもらい、そして読み続けてもらえるようなわかりやすさが求められるでしょう。そのため、文体は平易な語り口調にし、また、理解の便宜を図る意味で、かなり多くの例話を入れてみました。同時に、宗教的な奥の深さを示すために、教義上の問題点についても触れ、安心上の味わいにも言及しておきました。さらには、学術的な新知見について幾ばくかでも奥行きが見えるように、先行研究の学説を紹介しながら、私自身の見解も提示してみました。意訳文を「私訳」としたのも、従来の通説的な現代語訳とは異なる独自の視点を表現するためなのです。もとより、神田師のようにはいきませんが、活字離れと言われ、学術書が敬遠され、ご法義が伝わりにくいと言われる昨今、「何とかしたい」という思いの結晶です。いびつな結晶ですが、ご高覧いただきありがとうございました。

本書の刊行に当たってご高配下さった、法藏館社長西村明高さんを始め、編集にご尽力くださった戸城三千代さんや満田みすずさんに深甚の謝意を申し述べたいと思います。また、他書店からの刊行を快く容認くださった本願寺出版社の油小路編集長にも謝意を申させていただきます。

二〇二〇年九月一日

著　者　識

満井　秀城（みつい　しゅうじょう）

1958年、広島県に生まれる。
1984年、大阪大学大学院文学研究科博士前期課程修了。
1992年、本願寺派宗学院卒業。
本願寺派宗学院研究員、本願寺派教学伝道研究所長を経て、
現在、本願寺派総合研究所副所長、本願寺派司教。
主要著書　『蓮如教学の思想史』（法藏館）
『安心決定鈔叙説』（永田文昌堂）
『蓮如上人のことば』（本願寺出版社）
『珠玉のことばたち』（本願寺出版社）など

いまこそ読みたい　歎異抄

二〇二〇年一〇月二〇日　初版第一刷発行

著　者　満井秀城
発行者　西村明高
発行所　株式会社　法藏館
京都市下京区正面通烏丸東入
郵便番号　六〇〇-八一五三
電話　〇七五-三四三-〇〇三〇（編集）
〇七五-三四三-五六五六（営業）

装幀者　野田和浩
印刷　立生株式会社／製本　清水製本所

ISBN 978-4-8318-8775-7 C0015

歎異抄講義集成　全五巻　矢田了章・林　智康監修　七〇、〇〇〇円

改訂新版　歎異抄講義　上　三明智彰著　二、二〇〇円

改訂新版　歎異抄講義　下　三明智彰著　二、七〇〇円

聖典読解シリーズ　歎異抄　内藤知康著　三、五〇〇円

聖典読解シリーズ　正信偈　内藤知康著　三、八〇〇円

僧にあらず、俗にあらず
確かな生き方を求めて　宮城　顗著　一、二〇〇円

価格税別

法　藏　館